ÉTAT DES FLUX DE TRÉSORERIE

PRESSES DE L'UNIVERSITÉ DU QUÉBEC
2875, boul. Laurier, Sainte-Foy (Québec) G1V 2M3
Téléphone : (418) 657-4399 • Télécopieur : (418) 657-2096
Courriel : secretariat@puq.uquebec.ca
Catalogue sur Internet : http://www.uquebec.ca/puq

Distribution :

CANADA et autres pays

DISTRIBUTION DE LIVRES UNIVERS S.E.N.C.
845, rue Marie-Victorin, Saint-Nicolas
(Québec) G7A 3S8
Téléphone : (418) 831-7474 / 1-800-859-7474
Télécopieur : (418) 831-4021

FRANCE

LIBRAIRIE DU QUÉBEC À PARIS
30, rue Gay-Lussac, 75005 Paris, France
Téléphone : 33 1 43 54 49 02
Télécopieur : 33 1 43 54 39 15

BELGIQUE

S.A. DIFFUSION – PROMOTION – INFORMATION
Département la Nouvelle Diffusion
24, rue de Bosnie, 1060 Bruxelles, Belgique
Téléphone : 02 538 8846
Télécopieur : 02 538 8842

SUISSE

GM DIFFUSION SA
Rue d'Etraz 2, CH-1027 Lonay, Suisse
Téléphone : 021 803 26 26
Télécopieur : 021 803 26 29

ÉTAT DES FLUX DE TRÉSORERIE

ANNE FORTIN

1998

Presses de l'Université du Québec
2875, boul. Laurier, Sainte-Foy (Québec) G1V 2M3

Données de catalogage avant publication (Canada)

Fortin, Anne, 1955-

    État des flux de trésorerie

    Publ. antérieurement sous le titre: État de l'évolution de la situation financière, 1987.
Comprend des réf. bibliogr.

    ISBN 2-7605-1011-5

    1. États financiers - Problèmes et exercices. 2, États financiers.
3. Marge brute d'autofinancement - Problèmes et exercices. 4. Flux financiers -
Problèmes et exercices. 5. Gestion de trésorerie - Problèmes et exercices.
I. Titre. II. Titre: État de l'évolution de la situation financière.

HF5681.B2F673 1998   657'.3'076   C98-941162-1

Les Presses de l'Université du Québec remercient le Conseil des arts du Canada
et le Programme d'aide au développement de l'industrie de l'édition du Patrimoine canadien
pour l'aide accordée à leur programme de publication.

Composition typographique : INFO 1000 MOTS INC.

Couverture : CARON GOSSELIN COMMUNICATION GRAPHIQUE

1 2 3 4 5 6 7 8 9 PUQ 1998 9 8 7 6 5 4 3 2 1

Dépôt légal – 3ᵉ trimestre 1998
Bibliothèque nationale du Québec / Bibliothèque nationale du Canada
Imprimé au Canada

Table des matières

Objectifs de l'état
des flux de trésorerie 1

Entités devant présenter
un état des flux de trésorerie 3

Composition des espèces et quasi-espèces
et informations à fournir 5

Présentation des éléments
des trois catégories de l'état 7

    Activités d'exploitation 7
        Méthode indirecte 8
        Méthode directe 10

    Activités d'investissement 11

    Activités de financement 11

Points particuliers 13

    1. Les flux de trésorerie liés aux impôts
       sur les bénéfices 14

    2. La présentation des flux de trésorerie liés
       aux éléments extraordinaires 14

3. Les intérêts et les dividendes reçus ou versés 15

4. Les opérations sans effet sur la trésorerie 25

5. Les reclassifications au bilan
   entre le court terme et le long terme 27

6. La présentation des flux de trésorerie liés
   aux regroupements d'entreprises 27

7. La présentation des flux de trésorerie
   liés aux cessions d'unités 30

8. Les flux de trésorerie en monnaie étrangère 31

9. La présentation des flux de trésorerie
   pour un montant net 32

10. La présentation de la marge brute
    d'autofinancement par action 33

Principales différences entre la norme canadienne et les normes américaines et internationale 35

1. Les entreprises qui doivent préparer
   un état des flux de trésorerie 35

2. Méthode à utiliser pour présenter les flux
   de trésorerie liés aux activités d'exploitation 36

3. Flux de trésorerie liés
   aux éléments extraordinaires 36

4. Flux de trésorerie liés aux impôts
   sur les bénéfices 36

5. Intérêts et dividendes 36

6. Flux de trésorerie liés aux coentreprises,
   aux regroupements d'entreprises
   et aux cessions d'unités 37

7. Informations à fournir concernant les espèces
   et quasi-espèces 38

8. Autres informations à présenter à l'état des flux
   de trésorerie ou en note à celui-ci 38

9. Présentation de la marge brute d'autofinancement 38

Établissement de l'état des flux de trésorerie 39

Problèmes et solutions 51

Bibliographie 119

Objectifs de l'état
des flux de trésorerie

L'état des flux de trésorerie rend compte de la façon dont l'entreprise dégage et utilise des liquidités dans le cadre de ses activités d'exploitation, de financement et d'investissement. Il a pour but de répondre à diverses questions que les utilisateurs des états financiers se posent relativement à la gestion financière de l'entreprise, par exemple :

- ▶ Quelle est la part de bénéfice qui constitue des rentrées de fonds ?

- ▶ L'entreprise dispose-t-elle de suffisamment de fonds provenant de l'exploitation pour investir dans de nouvelles immobilisations ? Ou doit-elle plutôt obtenir des fonds par du financement externe ?

- ▶ Quelle somme l'entreprise a-t-elle investie dans l'acquisition d'immobilisations ou de placements ?

- ▶ À quels instruments financiers l'entreprise a-t-elle eu recours ?

- ▶ L'entreprise distribue-t-elle en dividendes des fonds dont elle dispose réellement ou puise-t-elle les fonds nécessaires aux distributions à même son capital en réalisant une partie de ses actifs ?

Certaines de ces questions pourraient être résolues partiellement à partir d'un examen du bilan, de l'état des résultats et de l'état des bénéfices non répartis, et à l'aide des informations contenues dans les notes aux états financiers. Toutefois, en mettant en relief les activités d'exploitation, d'investissement et de financement importantes de l'entreprise, l'état des flux de trésorerie permet d'étudier l'incidence de ces activités de façon globale et d'évaluer leurs interrelations. Cet état représente donc un complément aux autres états financiers tout en fournissant certains renseignements différents.

En fait, l'information présentée à l'état des flux de trésorerie permet aux utilisateurs de connaître la provenance et l'utilisation des liquidités et les aide à évaluer la liquidité de l'entreprise, sa flexibilité financière, sa profitabilité et son risque. L'information historique concernant les flux de trésorerie passés est utile dans le processus de prévision des montants des encaissements et décaissements futurs, incluant l'estimation de la probabilité de leur réalisation. De plus, l'information sur les flux de trésorerie réalisés permet d'évaluer l'exactitude des prévisions effectuées par le passé concernant les encaissements et les décaissements à venir. Enfin, l'information sur les flux de trésorerie permet aux utilisateurs des états financiers d'analyser les relations entre la profitabilité des opérations de l'entreprise et ses rentrées nettes de fonds.

Entités devant présenter un état des flux de trésorerie

Toutes les entreprises à but lucratif doivent présenter un état des flux de trésorerie comme partie intégrante des états financiers de tous les exercices présentés, sauf celles qui ne sont pas des sociétés ouvertes et pour lesquelles l'information concernant les flux de trésorerie est évidente, soit parce qu'elle est communiquée par voie de note ou parce qu'elle peut être clairement déduite à la lecture des autres états financiers. Si un état des flux de trésorerie n'est pas présenté, la raison doit être mentionnée.

Le chapitre 1540 du *Manuel de l'Institut canadien des comptables agréés* (que nous appelerons désormais le *Manuel*) donne la définition suivante pour les sociétés ouvertes: «Les sociétés ouvertes s'entendent des entreprises qui ont émis des obligations ou des actions qui sont négociées sur un marché public (une Bourse nationale ou étrangère, ou un marché hors cote, y compris les marchés locaux ou régionaux), qui sont tenues de déposer des états financiers auprès d'une commission des valeurs mobilières, ou qui fournissent des états financiers en vue de l'émission de n'importe quelle catégorie de valeurs mobilières sur un marché public.»

Il faut noter que l'application des nouvelles recommandations du chapitre 1540 pour les états financiers des exercices antérieurs à ceux débutant à compter du 1er août 1998 (qui sont présentés pour fins de comparaison) constitue un modification de présentation d'un état financier. Dans un tel cas, les états financiers sont repris en tenant compte des nouvelles règles de présentation.

Les entités suivantes sont exclues de l'application du chapitre 1540 :

- ▶ les régimes de retraite,
- ▶ les organismes sans but lucratif.

De plus, les fonds de placement qui satisfont à tous les critères énoncés au paragraphe 1540.02 du chapitre peuvent, s'ils le désirent, s'abstenir de présenter un état des flux de trésorerie. Ces critères sont :

a. « au cours de l'exercice, la quasi-totalité des placements du fonds étaient hautement liquides ;

b. la quasi-totalité des placements du fonds sont comptabilisés à la valeur de marché (définie au chapitre 3860, Instruments financiers – Informations à fournir et présentation) ;

c. l'endettement du fonds de placement, déterminé par la dette moyenne impayée au cours de l'exercice, est minime ou nul par rapport à l'actif total ;

d. le fonds de placement produit un état de l'évolution de l'actif net. »

Composition des espèces et quasi-espèces et informations à fournir

Les liquidités de l'entreprise sont constituées non seulement des fonds en caisse et des dépôts à vue détenus par l'entreprise, mais également des placements dans des titres effectués dans le but de faire fructifier des capitaux qui devront être utilisés à très court terme par l'entreprise pour respecter ses engagements de trésorerie (quasi-espèces[1]). Ces titres de placement, qui **excluent les titres de capitaux propres (actions)**, doivent avoir une échéance proche (c'est-à-dire égale ou inférieure à trois mois), ne doivent pas être susceptibles de changements de valeur significatifs et doivent être facilement convertibles en un montant connu d'espèces. Cependant, il n'y a que les espèces pouvant être utilisées pour les besoins des affaires courantes qui peuvent être incluses dans le poste espèces et quasi-espèces. Donc, les sommes affectées, par exemple, les soldes compensateurs requis selon des ententes de prêts, sont exclues du poste espèces et quasi-espèces, et les rentrées et sorties de fonds qui s'y rattachent sont présentées dans la section de l'état portant sur les activités d'investissement.

---

1. « Les quasi-espèces s'entendent des placements à court terme, très liquides, facilement convertibles en un montant connu d'espèces et dont la valeur ne risque pas de changer de façon significative. » (1540.06*b*)

Pour certaines entreprises, les placements très liquides qui pourraient être considérés comme des quasi-espèces sont plutôt des éléments d'actif détenus à des fins de commerce[2] ou des placements détenus dans le cadre de la gestion du portefeuille de placements de l'entreprise. Dans ces cas, les rentrées et les sorties de fonds concernant ces placements sont plutôt présentées dans la section des activités d'exploitation pour les premiers et dans la section des activités d'investissement pour les seconds. Les entreprises doivent indiquer **en note** la politique qu'elles ont établie pour déterminer quels placements très liquides sont inclus dans les quasi-espèces, et elles doivent fournir des informations, conformément au chapitre 1506, Modifications de conventions comptables, si la convention utilisée à cet effet a été modifiée au cours de l'exercice.

Enfin, les découverts bancaires remboursables à vue dont le solde fluctue souvent entre le disponible et le découvert peuvent être inclus dans les espèces et quasi-espèces lorsqu'ils sont considérés comme partie intégrante de la gestion de trésorerie de l'entreprise.

En plus des informations à fournir indiquées ci-dessus concernant la politique de l'entreprise pour définir les placements très liquides à inclure dans les quasi-espèces, l'entreprise doit :

- ▶ mentionner les composantes des espèces et quasi-espèces ;

- ▶ présenter un rapprochement entre le montant des espèces et quasi-espèces à l'état des flux de trésorerie et les éléments équivalents présentés au bilan ;

- ▶ indiquer le montant des espèces et quasi-espèces, parmi celles qui sont disponibles pour les besoins des affaires courantes, qui sont affectées à une utilisation particulière ou qui ne sont pas disponibles pour une utilisation sans restriction par une entité consolidée.

---

2. Au chapitre 1540, les actifs détenus à des fins de commerce sont définis comme étant les titres et les prêts « acquis spécifiquement à des fins de revente à court terme ».

Présentation des éléments des trois catégories de l'état

L'état des flux de trésorerie présente les mouvements de trésorerie résultant des activités de l'entreprise selon trois catégories: les activités d'exploitation, d'investissement et de financement.

ACTIVITÉS D'EXPLOITATION

Les flux de trésorerie liés aux activités d'exploitation constituent une source importante de capitaux pour l'entreprise. En effet, les liquidités que l'entreprise tire de son exploitation lui permettent de verser des dividendes à ses actionnaires, de régler ses dettes et d'investir dans des éléments d'actif à long terme sans recourir à du financement externe. Les flux de trésorerie liés aux activités d'exploitation découlent des opérations que l'entreprise effectue dans le cours de ses affaires afin de dégager un bénéfice net (ou une perte nette). Donc, les encaissements et les décaissements découlant de la vente des produits et services de l'entreprise, de la réception ou du versement d'intérêts, du paiement des impôts, de la main-d'œuvre et des biens utilisés dans la production sont des flux de trésorerie liés à l'exploitation. De plus, tous les flux de trésorerie qui ne résultent pas d'activités d'investissement ou de financement sont classés dans cette section de l'état.

Les flux de trésorerie liés à l'exploitation sont présentés sous la rubrique «activités d'exploitation (ou flux de trésorerie liés aux activités d'exploitation)». Ils peuvent être présentés de deux façons, soit en utilisant:

- ► la méthode indirecte **ou**

- ► la méthode directe.

Méthode indirecte

Selon la méthode indirecte, le flux de trésorerie net lié aux activités d'exploitation est obtenu en retraitant le bénéfice net (ou la perte nette) pour tenir compte des éléments sans effet sur la trésorerie (par exemple, les amortissements), des variations des éléments du fonds de roulement liés à l'exploitation (par exemple, les stocks), des charges ou produits reportés ou anticipés par rapport aux encaissements ou décaissements qui leur sont liés (par exemple, les produits reportés sur les ventes comptabilisées selon la méthode des encaissements), des éléments associés aux flux de trésorerie liés aux activités d'investissement (par exemple, les gains sur vente d'actifs à long terme) ou aux activités de financement (par exemple, les pertes sur remboursement anticipé d'obligations à payer).

Le tableau ci-dessous fournit un éventail des différents retraitements qui peuvent être apportés au bénéfice net (ou à la perte nette) afin de dégager les flux de trésorerie liés aux activités d'exploitation. Les retraitements comprennent les **ajustements** au bénéfice net (ou à la perte nette) pour en éliminer les éléments qui n'affectent pas les liquidités ainsi que ceux qui prennent en compte les **variations des éléments hors caisse du fonds de roulement** lié à l'exploitation. En effet, la prise en compte de ces variations des éléments du fonds de roulement permet d'ajuster les postes de produits et charges afin de les transformer en rentrées et sorties de fonds. Dans le tableau, la ligne discontinue délimite les deux types de retraitements au bénéfice net.

BÉNÉFICE NET (PERTE NETTE)

Ajouts	Déductions
Amortissement des immobilisations corporelles et incorporelles	Amortissement de l'escompte sur placements en obligations
Amortissement des frais reportés, y compris l'escompte et les frais d'émission d'obligations	Amortissement des produits reportés
Augmentation des passifs d'impôts futurs	Diminution des passifs d'impôts futurs
Augmentation du crédit d'impôt à l'investissement non amorti	Diminution du crédit d'impôt à l'investissement non amorti
Pertes au titre de placements à long terme comptabilisés à la valeur de consolidation	Produits au titre de placements à long terme comptabilisés à la valeur de consolidation
Dividendes reçus sur placements à long terme comptabilisés à la valeur de consolidation (de préférence à être présentés séparément)	
Pertes sur cession d'immobilisations corporelles et incorporelles	Gains sur cession d'immobilisations corporelles et incorporelles
Provisions pour pertes	
Pertes dues à la radiation partielle ou entière d'actifs à long terme	
Part des actionnaires sans contrôle dans le bénéfice net	Part des actionnaires sans contrôle dans la perte nette
Pertes de change non réalisées	Gains de change non réalisés
Diminution des comptes clients (nets de la provision pour créances douteuses)	Augmentation des comptes clients (nets de la provision pour créances douteuses)
Diminution des stocks	Augmentation des stocks
Diminution des titres et créances détenus à des fins de commerce	Augmentation des titres et créances détenus à des fins de commerce
Diminution des dividendes à recevoir	Augmentation des dividendes à recevoir
Diminution des intérêts à recevoir[1]	Augmentation des intérêts à recevoir[1]
Diminution des frais payés d'avance	Augmentation des frais payés d'avance
Augmentation des comptes fournisseurs	Diminution des comptes fournisseurs
Augmentation des impôts à payer	Diminution des impôts à payer
Augmentation des intérêts à payer[1-2-3]	Diminution des intérêts à payer[1-2-3]
Augmentation des produits reçus d'avance	Diminution des produits reçus d'avance

1. Excepté pour la portion reliée à l'amortissement de la prime pour les placements acquis à prime et les dettes émises à prime, laquelle doit être prise en compte respectivement dans la section des activités d'investissement et dans la section des activités de financement.

2. Excepté pour la portion reliée aux intérêts versés portés au débit des bénéfices non répartis, laquelle doit être présentée dans les activités de financement.

3. La variation (augmentation ou diminution) des dividendes à payer reliée aux dividendes déclarés inclus dans la détermination du bénéfice net doit également être prise en compte.

Méthode directe

La méthode directe implique la présentation des principales catégories de rentrées et de sorties de fonds liées aux activités d'exploitation. Les montants des rentrées ou des sorties de fonds peuvent être obtenus directement des documents comptables de l'entreprise ou en retraitant les différents éléments de l'état des résultats afin d'ajuster les produits et les charges pour obtenir les rentrées et les sorties de fonds. Chacune des rentrées ou des sorties de fonds devra être déterminée en faisant intervenir les différents postes qui y sont reliés. Par exemple, le calcul des sommes encaissées des clients ou de celles versées aux fournisseurs et membres du personnel ainsi que pour les impôts peut se résumer ainsi :

Rentrées de fonds – clients	=	Chiffre d'affaires
	–	augmentation des comptes clients (nets de la provision) **ou**
	+	diminution des comptes clients (nets de la provision)
	–	augmentation des produits perçus d'avance à court et à long terme **ou**
	+	diminution des produits perçus d'avance à court et à long terme
	–	mauvaises créances non provisionnées
Sorties de fonds – fournisseurs et membres du personnel	=	Coût des ventes + frais de vente et d'administration[1]
	+	augmentation des stocks **ou**
	–	diminution des stocks
	+	augmentation des frais payés d'avance à court ou à long terme **ou**
	–	diminution des frais payés d'avance à court ou à long terme
	–	augmentation des créditeurs **ou**
	+	diminution des créditeurs
Impôts sur les bénéfices versés	=	Impôts de l'exercice exigibles
	+	diminution des impôts à payer **ou**
	–	augmentation des impôts à payer

1. Cette somme doit également être ajustée pour exclure les amortissements, les provisions pour pertes et autres éléments sans effet sur la trésorerie, telles les mauvaises créances, ainsi que les éléments qui sont plutôt des flux de trésorerie liés à l'investissement ou au financement, tels les gains ou pertes sur vente d'éléments d'actif. En fait, les mêmes retraitements que ceux effectués selon la méthode indirecte doivent également être faits dans le cadre de la présentation directe, mais ces retraitements doivent être effectués sur les différents éléments de l'état des résultats pour lesquels l'entreprise désire présenter les flux de trésorerie.

ACTIVITÉS D'INVESTISSEMENT

Afin d'assurer leur croissance, les entreprises investissent des sommes importantes dans des éléments d'actif à long terme aussi bien corporels qu'incorporels. L'état des flux de trésorerie doit rendre compte de l'utilisation des liquidités engendrées par l'exploitation ou par le financement externe pour l'acquisition de nouveaux éléments d'actif. En outre, les dispositions déléments d'actif à long terme doivent également être détaillées, car elles représentent un désinvestissement du capital de l'entreprise. Les informations sur les flux de trésorerie liés aux activités d'investissement sont présentées sous la rubrique « activités d'investissement (ou flux de trésorerie liés aux activités d'investissement) » et peuvent comprendre les encaissements ou décaissements reliés aux éléments suivants :

- ► immobilisations et autres éléments d'actif à long terme, incluant les frais de développement capitalisés et les immobilisations construites par l'entreprise pour elle-même (y compris tout intérêt payé capitalisé dans leur coût) ;

- ► placements, incluant actions, titres de créance et participations dans des coentreprises ;

- ► dividendes constituant un remboursement de capital pour des placements en actions comptabilisés selon la méthode à la valeur d'acquisition ;

- ► prêts et avances consentis ;

- ► contrats à terme, contrats d'option ou de crédit croisé (*swap*), sauf si les rentrées ou les sorties de fonds sont classées parmi les activités de financement[3] ou lorsque ces contrats sont détenus à des fins de commerce.

ACTIVITÉS DE FINANCEMENT

Les fonds tirés de l'exploitation sont souvent insuffisants pour financer les activités d'investissement des entreprises. Celles-ci ont alors recours à du financement externe soit sous la forme d'emprunts, soit en émettant du capital-actions. L'état des flux de trésorerie doit donc rendre compte

---

3. Au paragraphe 1540.18, on indique que « lorsqu'un contrat est comptabilisé à titre d'opération de couverture d'une position identifiable existante ou prévue, les flux de trésorerie relatifs à ce contrat peuvent être classés de la même façon que les flux de trésorerie de la position ainsi couverte, à la condition que la convention comptable soit mentionnée ».

des opérations de l'exercice relatives à ces instruments de financement. Les flux de trésorerie découlant de ces opérations sont divulgués sous la rubrique «activités de financement (ou flux de trésorerie liés aux activités de financement)» et peuvent comprendre les encaissements ou décaissements reliés aux éléments suivants:

- ► emprunts à court ou à long terme, incluant les emprunts bancaires, les hypothèques, les obligations;

- ► dépôts acceptés par les établissements financiers;

- ► solde d'obligations découlant de contrats de location-acquisition (versements);

- ► capital-actions (émission ou rachat);

- ► dividendes versés (en indiquant **séparément** les dividendes versés par les filiales aux actionnaires sans contrôle, mais en excluant tout dividende versé inclus dans la détermination du bénéfice net); les intérêts versés portés au débit des bénéfices non répartis.

Points particuliers

L'exposé précédent a permis d'identifier les grandes catégories qui composent l'état des flux de trésorerie ainsi que les principaux éléments qui y figurent. Plusieurs points particuliers restent toutefois à préciser et certaines questions de présentation doivent être abordées :

1. Les flux de trésorerie liés aux impôts sur les bénéfices

2. La présentation des flux de trésorerie liés aux éléments extraordinaires

3. Les intérêts et les dividendes reçus ou versés

4. Les opérations sans effet sur la trésorerie

5. Les reclassifications au bilan entre le court terme et le long terme

6. La présentation des flux de trésorerie liés aux regroupements d'entreprises

7. La présentation des flux de trésorerie liés aux cessions d'unités

8. Les flux de trésorerie en monnaie étrangère

9. La présentation des flux de trésorerie pour un montant net

10. La présentation de la marge brute d'autofinancement par action

1. LES FLUX DE TRÉSORERIE LIÉS AUX IMPÔTS SUR LES BÉNÉFICES

Les impôts versés durant l'exercice doivent être présentés séparément soit à l'état des flux de trésorerie (lorsque la méthode directe de présentation des flux de trésorerie liés à l'exploitation est utilisée), soit dans une note (lorsque la méthode indirecte de présentation des flux de trésorerie liés aux activités d'exploitation est utilisée). Ces flux de trésorerie doivent être classés dans la section portant sur les activités d'exploitation sauf lorsque des montants d'impôts versés ou encaissés peuvent être expressément rattachés aux activités de financement ou d'investissement. Dans ce cas, ils sont classés dans la section appropriée selon le classement de l'élément auquel ils sont reliés. Il est à noter que lorsqu'il y a ainsi répartition des flux de trésorerie liés aux impôts, le montant total des impôts versés durant l'exercice doit être indiqué dans une note.

2. LA PRÉSENTATION DES FLUX DE TRÉSORERIE LIÉS AUX ÉLÉMENTS EXTRAORDINAIRES

Par leur nature même, les éléments extraordinaires ne découlent pas des activités *normales* de l'entreprise. Par conséquent, les flux de trésorerie se rapportant à des gains ou à des pertes extraordinaires sont présentés séparément à l'état des flux de trésorerie pour le montant de la rentrée ou de la sortie de fonds **avant impôts**.

La présentation des flux de trésorerie liés aux éléments extraordinaires peut différer selon la nature du poste. Si le poste a trait à une opération reliée aux éléments d'actif à long terme, le mouvement de trésorerie sera présenté dans les activités d'investissement ; par exemple, un dédommagement reçu à la suite d'une expropriation ou la somme versée par l'assureur pour compenser la destruction d'installations de l'entreprise lors d'un grave incendie. Si le poste a trait à une opération reliée aux activités d'exploitation, le flux de trésorerie sera présenté dans les activités d'exploitation ; par exemple, pour une société pharmaceutique dont les produits sont approuvés par le gouvernement, il peut s'agir de la somme versée en règlement d'une poursuite engagée par des personnes ayant subi des dommages par suite de l'utilisation des produits de l'entreprise.

Dans le cadre de la préparation d'un état des flux de trésorerie selon la méthode indirecte, un ajustement doit être effectué pour l'élément extraordinaire dans la section des activités d'exploitation concernant les «ajustements au bénéfice net». C'est le montant brut du gain ou de la perte extraordinaire qui doit être soustrait ou ajouté, selon le cas, lorsque le flux de trésorerie relatif à l'élément extraordinaire et celui relatif à l'impôt sur cet élément ne sont pas présentés séparément. Lorsque le flux de trésorerie relatif à l'élément extraordinaire et celui relatif à l'impôt sur cet élément sont présentés séparément dans une des trois sections de l'état, c'est le montant net d'impôts du gain ou de la perte qui doit être pris en considération dans les «ajustements au bénéfice net». Si le flux de trésorerie relatif à l'élément extraordinaire en est un qui doit être classé comme résultant d'activités d'exploitation, et que ce flux est égal au gain ou à la perte extraordinaire présenté dans l'état des résultats, on peut indiquer ce fait par une note à l'état des flux de trésorerie étant donné que le flux est alors déjà pris en compte dans le bénéfice net.

3. LES INTÉRÊTS ET LES DIVIDENDES REÇUS OU VERSÉS

Les intérêts reçus sont classés dans les activités d'exploitation, sauf pour la partie qui représente un remboursement de capital, c'est-à-dire l'amortissement de la prime pour les placements acquis à prime qui est classé dans les activités d'investissement. Les dividendes reçus doivent être classés dans la section des activités d'exploitation, sauf pour la partie qui constitue un remboursement de capital pour des placements en actions comptabilisés selon la méthode à la valeur d'acquisition. De plus, pour les participations comptabilisées à la valeur de consolidation, seuls les dividendes reçus doivent faire partie de l'état.

Les dividendes et les intérêts versés (sauf pour la partie qui représente un remboursement de capital, c'est-à-dire l'amortissement de la prime pour les dettes émises à prime qui est classé dans les activités de financement) qui sont inclus dans la détermination du bénéfice net doivent être classés dans la section des activités d'exploitation et être présentés **séparément**. Les dividendes et les intérêts versés qui ont été portés au débit des BNR doivent être présentés dans les activités de financement. Les dividendes versés par des filiales aux actionnaires sans contrôle doivent être présentés **séparément** dans les activités de financement.

La présentation des intérêts encaissés ou versés sur des placements ou des dettes qui ont été acquis ou émis à une valeur autre que la valeur nominale nécessite une attention particulière. Tout d'abord, il faut préciser que la présentation à l'état des flux de trésorerie des intérêts sur les placements ou les dettes acquises ou émises à des valeurs autres que la valeur nominale est basée sur la notion de capital investi par l'entreprise dans les placements ou de capital reçu par celle-ci lors de l'émission de dettes.

Pour mieux comprendre cette notion dans le cas d'une dette émise à prime, on peut prendre l'exemple d'une dette obligataire ayant une valeur nominale de 100 000 $, qui est émise pour une somme de 114 720 $ parce que le taux d'intérêt nominal offert sur les obligations (8 %) est plus élevé que le taux d'intérêt effectif offert sur le marché pour des obligations similaires (6 %). Le capital reçu par l'entreprise (114 720 $) sera remboursé aux obligataires de deux façons, 100 000 $ à l'échéance, et 14 720 $ tout au long de la durée des obligations. Le remboursement de la somme de 14 720 $ s'effectue par le biais d'intérêts versés qui sont plus élevés (déterminés par le taux nominal de 8 %) que les intérêts débiteurs (la charge qui est déterminée sur la base du taux d'intérêt effectif, 6 %).

Émission	Période durant laquelle les obligations sont en circulation	Échéance
Encaissement de 114 720 $	Décaissement de 14 720 $	Décaissement de 100 000 $

Dans le cas d'une dette obligataire émise à escompte, on peut prendre l'exemple d'une dette ayant une valeur nominale de 100 000 $, qui est émise à 87 711 $ parce que le taux d'intérêt nominal offert sur les obligations (8 %) est moins élevé que le taux d'intérêt effectif offert sur le marché pour des obligations similaires (10 %). Le capital reçu par l'entreprise à l'émission (87 711 $) sera remboursé aux obligataires à l'échéance. Toutefois, puisque l'entreprise rembourse la valeur nominale des obligations à l'échéance (100 000 $), la différence entre cette valeur nominale et le capital reçu à l'émission (87 711 $) représente des intérêts versés aux obligataires (12 289 $). En effet, durant la période où les obligations sont en circulation, les intérêts versés aux obligataires (déterminés par le taux d'intérêt nominal de 8 %) sont inférieurs aux intérêts débiteurs (la charge qui est déterminée sur la base du taux d'intérêt effectif, 10 %). Les intérêts correspondant au rendement de 10 % désiré par les obligataires leur sont donc versés à l'échéance puisqu'on leur rembourse alors un montant supérieur à ce qu'ils ont prêté à l'entreprise (remboursement de 100 000 $ alors qu'ils ont prêté 87 711 $).

Émission	Période durant laquelle les obligations sont en circulation	Échéance
Encaissement de 87 711 $		Décaissement de 100 000 $: 87 711 $ = capital 12 289 $ = intérêts

Le raisonnement en ce qui concerne la notion de capital investi et les intérêts pour les placements acquis à prime ou à escompte est similaire à celui élaboré plus haut pour les dettes.

Les tableaux qui suivent indiquent la présentation, à l'état des flux de trésorerie, des décaissements liés à l'acquisition de placements, des encaissements liés à l'émission de dettes, des intérêts encaissés et décaissés ainsi que des encaissements ou décaissements à l'échéance des placements ou des dettes. (Des exemples chiffrés pour chaque situation suivent l'exposé théorique.)

Acquisition d'un placement ou émission d'une dette (avec escompte ou prime)

La somme *versée* pour l'acquisition d'un **placement** (incluant les frais de courtage) est présentée à titre de *sortie* de fonds (situations I et III).	Activités d'investissement
La somme *reçue* lors de l'émission d'une **dette** (nette des frais s'y rapportant) est présentée à titre d'*entrée* de fonds (situations II et IV).	Activités de financement

Présentation des flux pour les intérêts et traitement de l'amortissement de la prime – placement ou dette

	Activités d'investissement ou de financement	Activités d'exploitation	
		Méthode directe	**Méthode indirecte**
Placement acquis à *prime*: la somme encaissée est donc répartie entre deux activités à l'état (sit. I).	Amortissement de la prime est *ajouté*, car il constitue un remboursement de capital – activités d'investissement.	Flux pour intérêts = *produits* à l'ÉR qui sont égaux à **sommes encaissées – amort. de la prime** (produits à l'ÉR < sommes encaissées).	Flux pour intérêts = produits déjà constatés à l'état des résultats : **pas d'ajustement à effectuer.**
Dette émise à *prime*: la somme décaissée est donc répartie entre deux activités à l'état (sit. II).	Amortissement de la prime *déduit*, car il constitue un remboursement de capital – activités de financement.	Flux pour intérêts = *charge* à l'ÉR qui est égale à **sommes décaissées – amort. de la prime** (charge à l'ÉR < sommes décaissées).	Flux pour intérêts = charge déjà constatée à l'état des résultats : **pas d'ajustement à effectuer.**

Présentation des flux pour les intérêts et traitement de l'amortissement de l'escompte - placement ou dette

	Activités d'investissement ou de financement	Activités d'exploitation	
		Méthode directe	Méthode indirecte
Placement acquis à *escompte*: la somme encaissée n'apparaît que dans une activité (sit. III).	—	Flux pour intérêts = sommes encaissées	Amortissement de l'escompte est **déduit** **du bénéfice** (produits à l'ÉR < sommes encaissées)
Dette émise à *escompte*: la somme décaissée n'apparaît que dans une activité (sit. IV).	—	Flux pour intérêts = sommes décaissées	Amortissement de l'escompte est **ajouté** **au bénéfice** (charge à l'ÉR < sommes décaissées)

Remboursement à l'échéance d'un placement ou d'une dette (avec escompte ou prime)

La somme *reçue ou versée* lors du remboursement à l'échéance d'un *placement* ou d'une *dette* est présentée à titre d'**entrée** ou de **sortie** de fonds:	
▶ **en entier**, pour un *placement* acquis à *prime* (à l'échéance, le montant encaissé correspond à la valeur nominale) [situation I] ;	Activités d'investissement
▶ **en entier**, pour une *dette* émise à *prime* (à l'échéance, le montant décaissé correspond à la valeur nominale) [situation II].	Activités de financement

La somme *reçue ou versée* lors du remboursement à l'échéance d'un *placement* ou d'une *dette* est présentée à titre d'*entrée* ou de *sortie* de fonds :	
▶ pour le montant du **capital payé à l'origine** pour un *placement* acquis à *escompte* (à l'échéance, le montant encaissé correspond à la valeur nominale) ;	Activités d'investissement
donc, la différence entre la valeur nominale et le montant de capital payé à l'origine représente des **intérêts encaissés** qui doivent être ajoutés au bénéfice net selon la méthode indirecte ou aux intérêts encaissés selon la méthode directe (situation III) ;	Activités d'exploitation
▶ pour le montant de la dette **encaissé à l'origine** pour une *dette* émise à *escompte* (à l'échéance, le montant payé correspond à la valeur nominale) ;	Activités de financement
donc, la différence entre la valeur nominale et le montant de capital encaissé à l'origine représente des **intérêts versés** qui doivent être déduits du bénéfice net selon la méthode indirecte ou ajoutés aux intérêts versés selon la méthode directe (situation IV).	Activités d'exploitation

Exemples de traitement des placements et des dettes acquis ou émises à prime ou à escompte

Situation I : acquisition d'un placement à prime
(taux d'intérêt nominal > taux d'intérêt effectif; 8 % > 6 %):

Le 1er janvier 19X1, achat de 60 obligations d'une valeur nominale de 1 000 $ chacune, pour un prix de 68 832 $. Les intérêts sont versés annuellement le 31 décembre au taux nominal (contractuel) de 8 %. Le taux d'intérêt effectif lors de l'acquisition était de 6 %. L'échéance est 10 ans après la date d'acquisition. La fin d'exercice de l'entreprise est le 31 décembre.

Produits financiers : 6 % × 68 832 $ = 4 130 $
Encaissement : 8 % × 60 000 $ = 4 800 $

Situation II :   *émission d'une dette à prime*
                 (taux d'intérêt nominal > taux d'intérêt effectif;
                 8 % > 6 %) :

Le 1er janvier 19X1, émission de 100 obligations d'une valeur nominale de 1 000 $ chacune, pour un prix de 114 720 $. Les intérêts sont versés annuellement le 31 décembre au taux nominal (contractuel) de 8 %. Le taux d'intérêt effectif lors de l'émission était de 6 %. L'échéance est 10 ans après la date d'émission. La fin d'exercice de l'entreprise est le 31 décembre.

Charge d'intérêts : 6 % × 114 720 $ = 6 883 $
Décaissement : 8 % × 100 000 $ = 8 000 $

Situation III :   *acquisition d'un placement à escompte*
                  (taux d'intérêt nominal < taux d'intérêt effectif;
                  8 % < 10 %) :

Le 1er janvier 19X1, achat de 60 obligations d'une valeur nominale de 1 000 $ chacune, pour un prix de 52 627 $. Les intérêts sont versés annuellement le 31 décembre au taux nominal (contractuel) de 8 %. Le taux d'intérêt effectif lors de l'acquisition était de 10 %. L'échéance est 10 ans après la date d'acquisition. La fin d'exercice de l'entreprise est le 31 décembre.

Produits financiers : 10 % × 52 627 $ = 5 263 $
Encaissement : 8 % × 60 000 $ = 4 800 $

Situation IV :   *émission d'une dette à escompte*
                 (taux d'intérêt nominal < taux d'intérêt effectif;
                 8 % < 10 %) :

Le 1er janvier 19X1, émission de 100 obligations d'une valeur nominale de 1 000 $ chacune, pour un prix de 87 711 $. Les intérêts sont versés annuellement le 31 décembre au taux nominal (contractuel) de 8 %. Le taux d'intérêt effectif lors de l'émission était de 10 %. L'échéance est 10 ans après la date d'émission. La fin d'exercice de l'entreprise est le 31 décembre.

Charge d'intérêts : 10 % × 87 711 $ = 8 771 $
Décaissement : 8 % × 100 000 $ = 8 000 $

Les écritures au versement des intérêts lors du premier exercice pour chacune des situations sont les suivantes :

Situation I – placement à prime :

Encaisse	4 800 $	
Placement en obligations		670 $
Produits financiers		4130

Situation II – dette à prime :

Charge d'intérêts	6 883 $	
Prime à l'émission d'obligations	1 117	
Encaisse		8 000 $

Situation III – placement à escompte :

Encaisse	4 800 $	
Placement en obligations	463	
Produits financiers		5 263 $

Situation IV – dette à escompte :

Charge d'intérêts	8 771 $	
Escompte à l'émission d'obligations		771 $
Encaisse		8 000

Les tableaux qui suivent indiquent la présentation que l'on doit retrouver à l'état des flux de trésorerie en ce qui concerne :

▸ les sommes versées pour l'acquisition des placements ou reçues pour l'émission des dettes ;

▸ les intérêts encaissés sur les placements ou versés sur les dettes, lors du premier exercice ;

▸ les sommes encaissées lorsque les placements viennent à échéance et celles versées lorsque les dettes arrivent à terme.

À cet effet, les tableaux sont divisés en trois parties principales : soit l'encaisse (encaissements et décaissements), l'état des résultats (produits et charges) et l'état des flux de trésorerie (activités d'exploitation, activités d'investissement, activités de financement). Ce sont les sommes qui affectent l'encaisse que l'on doit retrouver à l'état des flux de trésorerie, soit par leur prise en compte :

- ► dans le chiffre du bénéfice net à l'état des résultats (produits et charges) [le bénéfice net est traité comme un encaissement net puisqu'on débute la section des activités d'exploitation avec ce montant];

- ► dans les ajustements au bénéfice net pour annuler les effets sur les produits et charges de l'amortissement de l'escompte sur les placements et sur les dettes;

- ► dans les ajustements au bénéfice net pour les intérêts encaissés à l'échéance sur les placements acquis à escompte et pour les intérêts versés à l'échéance sur les dettes émises à escompte;

- ► dans les sections activités d'investissement et de financement respectivement pour l'amortissement de la prime sur les placement et sur les dettes (qui représentent des remboursements de **capital** versé lors de l'acquisition de placements à prime, ou de **capital** encaissé lors de l'émission de dettes à prime);

- ► dans les sections activités d'investissement et de financement respectivement pour le **capital** versé à l'achat de placements ou acquis à l'émission de dettes;

- ► dans les sections activités d'investissement et de financement respectivement pour le **capital** reçu à l'échéance de placements ou versé à l'échéance de dettes.

Présentation à l'état des flux de trésorerie des acquisitions ou émissions à *prime* et des intérêts reçus ou versés sur ces placements ou dettes (situations I et II)

Date et transaction	Encaisse (montant qu'on doit retrouver à l'état des flux de trésorerie)		État des résultats		État des flux de trésorerie		
	Encaissements	*Décaissements*	*Produits*	*Charges*	*Activités d'exploitation*	*Activités d'investissement*	*Activités de financement*
1er janvier 19X1 :							
Acquisition - placement		(68 832)				(68 832)	
Émission - obligations	114 720						114 720
31 déc. 19X1 :							
Intérêts - placement	4 800 [60 000 × 8 %]		4 130 [68 832 × 6 %]		0 [m. indir.] *ou* 4 130 [m. dir.]*	670 = amort. Prime	
Intérêts - obligations		(8 000) [100 000 × 8 %]		(6 883) [114 720 × 6 %]	0 [m. indir.] *ou* (6 883) [m. dir.]*		(1 117) = amort. Prime

* Donc, **selon la méthode indirecte**, *étant donné que les activités d'exploitation débutent avec le bénéfice net de l'exercice* qui tient déjà compte du *produit* (4 130 $) ou de la *charge* (6 883 $), il n'y aura aucun ajustement à effectuer au bénéfice. **Selon la méthode directe**, le montant présenté pour les intérêts reçus ou versés correspondra au montant du *produit* ou de la *charge*. Le montant total ainsi présenté dans deux sections de l'état des flux de trésorerie correspond donc aux sommes reçues ou décaissées.

Présentation à l'état des flux de trésorerie des acquisitions ou émissions à *escompte* et des intérêts reçus ou versés sur ces placements ou dettes (situations III et IV)

Date et transaction	Encaisse (montant qu'on doit retrouver à l'état des flux de trésorerie) Encaissements	Décaissements	État des résultats Produits	Charges	État des flux de trésorerie Activités d'exploitation	Activités d'investissement	Activités de financement
1er janvier 19X1:							
Acquisition – placement		(52 627)				(52 627)	
Émission – obligations	87 711						87 711
31 déc. 19X1:							
Intérêts – placement	4 800 [60 000 × 8 %]		5 263 [52 627 × 10 %]		(463) [m. indir.] *ou* 4 800 [m. dir.]*		
Intérêts – obligations		(8 000) [100 000 × 8 %]		(8 771) [87 711 × 10 %]	771 [m. indir.] *ou* (8 000) [m. dir.]**		

* Le montant qui doit être présenté à l'état des flux de trésorerie doit correspondre au montant encaissé. **Selon la méthode indirecte**, le produit déjà compris dans le bénéfice est de 5 263 $: celui-ci est supérieur de 463 $ (amort. de l'escompte) au montant encaissé (4 800 $), on doit donc diminuer le bénéfice pour tenir compte seulement des intérêts encaissés. **Selon la méthode directe**, le montant à présenter à l'état des flux de trésorerie correspond aux intérêts encaissés.

** Le montant qui doit être présenté à l'état des flux de trésorerie doit correspondre au montant décaissé. **Selon la méthode indirecte**, la charge déjà comprise dans le bénéfice est de 8 771 $: celle-ci est supérieure de 771 $ (amort. de l'escompte) au montant décaissé (8 000 $), on doit donc augmenter le bénéfice afin d'annuler le montant de la charge qui excède le montant décaissé. **Selon la méthode directe**, le montant à présenter à l'état des flux de trésorerie correspond aux intérêts décaissés.

Présentation à l'état des flux de trésorerie des encaissements et décaissements à l'échéance des placements ou des dettes

Échéance 31 déc. 19X1 + 10 ans	Encaisse (montant qu'on doit retrouver à l'état des flux de trésorerie)		Montant encaissé ou décaissé à l'origine	État des flux de trésorerie		
	Encaissements	*Décaissements*		*Activités d'exploitation*	*Activités d'investissement*	*Activités de financement*
Placement acquis à prime	60 000		(68 832)*		60 000	
Dette émise à prime		(100 000)	114 720*			(100 000)
Placement acquis à escompte	60 000		(52 627)	7 373 = *int. reçus à l'échéance*	52 627	
Dette émise à escompte		(100 000)	87 711	(12 289) = *int. versés à l'échéance*		(87 711)

* Pour les placements acquis à prime et les dettes émises à prime respectivement, la différence entre le montant encaissé ou décaissé à l'origine (le capital) et la valeur nominale est encaissée ou remboursée graduellement au cours des années par le biais d'intérêts encaissés ou versés qui sont plus élevés que le produit ou la charge inclus à l'état des résultats.

4. LES OPÉRATIONS SANS EFFET SUR LA TRÉSORERIE

Certaines opérations d'investissement et de financement qui modifient l'actif ou la structure de capital de l'entreprise n'impliquent pas de mouvement des espèces ou quasi-espèces. Ces opérations sans effet sur la trésorerie ne doivent pas être présentées à l'état des flux de trésorerie. Toutefois, toutes les informations pertinentes sur ces activités doivent être mentionnées ailleurs aux états financiers. Elles incluent, par exemple:

- l'acquisition d'éléments d'actif par la prise en charge d'éléments de passif directement liés, y compris l'acquisition de biens financés par contrat de location-acquisition[4];

- l'acquisition d'un élément d'actif à long terme provenant d'une donation, d'un échange ou de l'annulation d'une dette;

- l'acquisition d'une entreprise en échange d'actions de l'acquéreur[5];

- la conversion de dettes à long terme ou d'actions privilégiées en actions ordinaires;

- les dividendes en actions.

Toutefois, certaines opérations comportant un aspect financement et un aspect investissement et impliquant des mouvements réels d'espèces doivent être présentées à l'état des flux de trésorerie dans les sections investissement et financement respectivement. Par exemple, lors d'une acquisition d'immobilisation entièrement financée au moyen d'un emprunt hypothécaire, si le créancier hypothécaire paie directement le vendeur, il y a réellement échange d'espèces: le coût de l'immobilisation sera donc présenté dans la section activités d'investissement comme une sortie de fonds et le montant de l'emprunt hypothécaire contracté sera présenté dans la section activités de financement comme rentrée de fonds.

Les opérations suivantes ne sont pas présentées à l'état des flux de trésorerie, car elles n'impliquent pas de rentrées ni de sorties de fonds, et elles ne représentent pas des activités d'investissement ni de financement:

- les fractionnements ou les regroupements d'actions;

- la création de réserves par affectation des bénéfices non répartis ainsi que les virements faits aux réserves ou à partir de celles-ci;

---

4. Il n'y a que les versements de l'exercice en vertu de ces contrats qui sont présentés dans la section activités de financement comme sorties de fonds.

5. Toutefois, la portion du prix d'acquisition correspondant aux espèces et quasi-espèces acquises est présentée dans les activités d'investissement comme rentrée de fonds.

▸ les plus-values comptabilisées à l'avoir des actionnaires lors de réévaluations établies par expertise et les variations dans celles-ci;

▸ la radiation du coût d'éléments d'actif à long terme entièrement amortis.

5. LES RECLASSIFICATIONS AU BILAN ENTRE LE COURT TERME ET LE LONG TERME

Les reclassifications d'éléments du bilan entre le court terme et le long terme n'ont aucune incidence sur les liquidités, car elles n'entraînent pas de rentrées ni de sorties de fonds. Toutefois, le total des postes pour lesquels une portion est présentée dans le court terme et une autre dans le long terme doit être considéré lorsque les rentrées ou les sorties de fonds sont déterminées. Ainsi, en ce qui concerne le versement sur la dette, on doit analyser la variation dans le total des portions à court et à long terme pour établir le montant remboursé sur celle-ci ainsi que les sommes obtenues relevant de nouveaux emprunts. Il en est de même des placements de portefeuille de l'entreprise.

6. LA PRÉSENTATION DES FLUX DE TRÉSORERIE LIÉS AUX REGROUPEMENTS D'ENTREPRISES

Lors de l'acquisition d'une entreprise qui entre dans le périmètre de consolidation aux fins de la préparation d'états financiers consolidés (dont l'achat est comptabilisé selon la méthode de l'achat pur et simple), les flux de trésorerie nets liés à l'acquisition (montant en espèces payé déduction faite des espèces et quasi-espèces acquises) doivent être présentés **séparément** dans la section activités d'investissement. De plus, les informations suivantes doivent être fournies par voie de note pour l'ensemble des acquisitions prises globalement:

a. le prix total d'achat;

b. la fraction de celui-ci versée sous forme d'espèces et de quasi-espèces;

c. le montant des espèces et quasi-espèces acquises;

d. les éléments d'actif totaux, autres que les espèces et quasi-espèces, et les éléments de passif totaux acquis.

De plus, lors de la prise en compte des variations du fonds de roulement hors liquidités (espèces et quasi-espèces) dans le calcul des flux de trésorerie liés aux activités d'exploitation, les éléments du fonds de roulement de la société acquise doivent être déduits des soldes de fin d'exercice des postes du bilan consolidé concernés. De même, les sommes reliées aux éléments d'actif à long terme acquis et aux dettes à long terme prises en charge n'apparaîtront pas dans les sections des activités d'investissement et de financement puisque c'est le montant net des espèces et quasi-espèces versées qui est présenté à l'état.

Dans le cas d'un regroupement d'entreprises comptabilisé selon la méthode de la fusion d'intérêts communs, les états des flux de trésorerie des exercices antérieurs au regroupement présentés à des fins de comparaison doivent être repris comme si les deux entités avaient toujours été fusionnées.

Exemple de présentation

Le 1er janvier 19X6, Cuir ltée a acquis 100 % des actions de Simili ltée dont voici le bilan sommaire ainsi que les justes valeurs des éléments d'actif acquis et des éléments de passif pris en charge :

Simili ltée
Bilan

au 31 décembre 19X5

	Valeur aux livres	Justes valeurs		Valeur aux livres	Justes valeurs
Encaisse	20 000 $		Créditeurs et autres éléments du passif à court terme	120 000 $	120 000 $
Placements temporaires et autres éléments de l'actif à court terme	144 000	150 000 $	Passif à long terme	200 000	200 000
Immobilisations (nettes)	400 000	500 000	Avoir des actionnaires	244 000	
Total	564 000 $		Total	564 000 $	

Le prix d'achat des actions de Simili ltée était de 350 000 $, et il a été entièrement réglé en espèces. L'acquisition a été comptabilisée selon la méthode de l'achat pur et simple. La présentation de cette acquisition à l'état des flux de trésorerie (incluant la note appropriée) sera la suivante :

Cuir ltée
État des flux de trésorerie (partiel)

pour l'exercice terminé le 31 décembre 19X6

Activités d'investissement

Acquisition de la filiale Simili ltée, déduction faite des espèces acquises	(330 000 $)

Note : Au cours de l'exercice, la société a acquis la filiale Simili ltée (100 % des actions). Les justes valeurs des éléments d'actif acquis et des éléments de passif pris en charge sont :

Encaisse	20 000 $
Actif total, à part l'encaisse	650 000
Passif total	(320 000)
Prix d'achat total	350 000
Moins : encaisse de Simili ltée	(20 000)
Montant en espèces versé, déduction faite des espèces acquises	330 000 $

Si le prix d'achat des actions était entièrement réglé par des actions de Cuir ltée émises à cet effet, il n'y aurait pas d'espèces versées mais, au contraire, des espèces encaissées, c'est-à-dire le montant des espèces détenues par la société acquise. Dans le cas ci-dessus, il y aurait donc une rentrée de fonds de 20 000 $ dans la section activités d'investissement. L'information concernant les espèces acquises, l'actif total, à part les espèces acquises, et le passif total devrait être donnée par voie de note, en indiquant qu'aucune fraction du prix d'achat n'a été versée sous forme d'espèces.

7. LA PRÉSENTATION DES FLUX DE TRÉSORERIE LIÉS AUX CESSIONS D'UNITÉS

Les unités cédées par une société détenant des filiales peuvent être des unités d'exploitation au sens du chapitre 3475 ou des entreprises faisant partie du groupe consolidé qui ne sont pas des unités d'exploitation distinctes au sens du chapitre 3475. L'ensemble des flux reliés à la cession doivent être présentés **séparément** dans la section des activités d'investissement, sans être portés au net des effets des acquisitions sur les flux de trésorerie. De plus, ils doivent être présentés avant impôts. Si le montant des impôts payés ou recouvrés peut être déterminé, celui-ci sera présenté séparément, également dans la section des activités d'investissement. Seul le montant global en espèces reçu, net des espèces et quasi-espèces cédées, est présenté dans l'état. Comme pour les acquisitions, des informations doivent être fournies en note pour l'ensemble des cessions prises globalement :

a. le prix total de cession ;

b. la fraction de ce prix reçue en espèces et quasi-espèces ;

c. le montant des espèces et quasi-espèces cédées ;

d. les éléments d'actif totaux (autres que les espèces et quasi-espèces) et les éléments de passif totaux cédés.

Il n'est pas fait mention dans le chapitre 1540 du *Manuel* d'une éventuelle présentation distincte des rentrées ou sorties de fonds reliées aux résultats d'exploitation pour les unités cédées.

Lors de la prise en compte des variations du fonds de roulement hors liquidités (espèces et quasi-espèces) dans le calcul des flux de trésorerie liés aux activités d'exploitation, les éléments du fonds de roulement de la société cédée doivent être déduits des soldes de début d'exercice des postes du bilan consolidé concernés. De même, aucun montant relié aux éléments d'actif à long terme cédés et aux dettes à long terme prises en charge par l'acquéreur de l'unité cédée n'apparaîtra aux sections activités d'investissement et de financement puisque c'est le montant net des espèces et quasi-espèces reçues qui est présenté à l'état.

8. LES FLUX DE TRÉSORERIE EN MONNAIE ÉTRANGÈRE

Les gains et les pertes non réalisés qui représentent l'effet des variations des taux de change sur les espèces et quasi-espèces libellées en devises étrangères doivent faire l'objet d'un poste **séparé** à l'état afin de réconcilier le montant des liquidités entre le début et la fin de la période. Ce montant ne fait pas partie des trois sections d'activités de l'état : il est présenté juste avant la variation nette des espèces et quasi-espèces pour l'exercice. De plus, ce montant ne correspond pas nécessairement au gain ou à la perte de change figurant à l'état des résultats.

En fait, il s'agit de tenir compte de deux éléments. En premier lieu, il faut considérer l'effet sur le montant des espèces et quasi-espèces à l'ouverture de l'exercice de la variation dans le taux de change entre le début et la fin de l'exercice. En deuxième lieu, il faut tenir compte de l'impact de la différence entre le taux utilisé pour convertir chaque élément de l'état des flux de trésorerie et le taux de fin d'exercice. Cela implique le calcul de la différence, pour chaque élément figurant à l'état, entre le montant présenté à l'état des flux de trésorerie à titre de rentrée ou de sortie de fonds et le montant obtenu pour l'élément lorsque le flux de trésorerie en monnaie étrangère est converti selon le taux de change à la fin de l'exercice. Ces calculs sont nécessaires parce que les espèces et quasi-espèces détenues en fin d'exercice sont exprimées selon le taux de fin d'exercice. Les rentrées et les sorties de fonds des éléments en devises étrangères composant chacune des trois catégories d'activités sont obtenues en convertissant les éléments aux taux appropriés s'y appliquant, c'est-à-dire :

- ► au cours du change entre la monnaie de publication des états financiers et la monnaie étrangère à la date du flux de trésorerie pour :

    a. les flux de trésorerie découlant d'opérations conclues en monnaie étrangère ;

    b. les flux liés aux activités d'investissement et de financement des établissements étrangers autonomes ;

    c. tous les flux de trésorerie des établissements étrangers intégrés, dont les flux de trésorerie liés à l'exploitation qui sont convertis habituellement en utilisant le cours du change moyen pour la période, pondéré de façon appropriée, pour les produits, les charges reliés aux opérations, sauf pour l'amortissement et le coût des marchandises vendues pour lesquels le taux de change historique est utilisé ;

▸ au cours du change entre la monnaie de publication des états financiers et la monnaie étrangère utilisé pour convertir les éléments respectifs aux fins de l'état des résultats pour les établissements étrangers autonomes, soit habituellement le cours du change moyen pour la période, pondéré de façon appropriée, pour les produits, les charges, les gains ou les pertes reliés aux opérations, incluant l'amortissement.

9. LA PRÉSENTATION DES FLUX DE TRÉSORERIE POUR UN MONTANT NET

Certains flux reliés aux activités d'exploitation, d'investissement et de financement peuvent être présentés nets. Deux catégories sont spécifiées dans le chapitre 1540 du *Manuel* soit :

   a. « les encaissements et les décaissements pour le compte de clients lorsque ces flux de trésorerie découlent des activités du client et non de celles de l'entreprise ;

   b. les encaissements et les décaissements concernant des éléments dont la rotation est rapide, dont les montants en cause sont importants et dont les échéances sont proches » (paragraphe 1540.26).

Les exemple suivants sont indiqués au paragraphe 1540.26 du *Manuel* :

▸ Pour la catégorie *a* :

   – « les fonds détenus pour le compte de clients par une société d'investissement ;

   – les loyers remis aux propriétaires de biens, après avoir été encaissés pour leur compte. »

▸ Pour la catégorie *b* :

   – « le principal relatif aux clients titulaires d'une carte de crédit ;

   – l'achat ou la vente d'actifs détenus à des fins de commerce ;

– d'autres emprunts à court terme, par exemple les emprunts à trois mois ou moins. »

De plus, il est spécifié au paragraphe 1540.27 du *Manuel*, que les flux de trésorerie d'un établissement financier découlant des activités suivantes peuvent être présentés pour leur montant net :

a. « les encaissements et les décaissements liés à l'acceptation et au remboursement de dépôts ;

b. le placement de dépôts auprès d'autres établissements financiers et le remboursement de ces avances et prêts ;

c. les flux de trésorerie relatifs à des instruments financiers non constatés. »

10. LA PRÉSENTATION DE LA MARGE BRUTE D'AUTOFINANCEMENT PAR ACTION

Si une société désire présenter la marge brute d'autofinancement par action dans ses états financiers (ou dans d'autres rapports préparés par l'entreprise), cette information doit être présentée dans l'état des flux de trésorerie, ou dans une note à laquelle renvoie l'état. L'information fournie sur la marge brute d'autofinancement (en note ou à l'état) doit permettre au lecteur des états financiers de connaître les postes ou la rubrique de l'état des flux de trésorerie qui sont pris en compte dans le calcul de cette marge. Ainsi, selon le CPN 34, l'expression « marge brute d'autofinancement » ne doit être utilisée que si l'ensemble des flux de trésorerie de l'exercice sont pris en compte dans le calcul (soit les flux liés aux activités d'exploitation, d'investissement et de financement). Si la société ne désire présenter que les flux de trésorerie liés aux activités d'exploitation par action, c'est cet intitulé qui doit être utilisé.

Le nombre d'actions utilisé aux fins du calcul de la marge brute d'autofinancement par action doit être le même que celui utilisé pour calculer le bénéfice net (ou la perte nette) par action. La marge brute d'autofinancement par action diluée doit également être présentée si, de façon similaire au bénéfice par action, des émissions d'actions éventuelles résultant de conversions d'obligations ou d'actions privilégiées, de l'exercice d'options, de droits de souscription ou de droits d'achats, auraient un effet important sur le montant de la marge brute d'autofinancement par action présentée.

Principales différences entre la norme canadienne et les normes américaines et internationale

Les recommandations du chapitre 1540, tel qu'il a été modifié en 1998, sont similaires à celles des normes américaines (SFAS 95/102/104) et à celles de la norme internationale (IAS 7). Toutefois, on peut noter des différences à certains égards. Elles sont indiquées dans les points qui suivent.

1. LES ENTREPRISES QUI DOIVENT PRÉPARER UN ÉTAT DES FLUX DE TRÉSORERIE

Selon les normes américaines et la norme internationale, toutes les entreprises qu'elles soient publiques ou non doivent présenter un état des flux de trésorerie. Toutefois, selon les normes américaines, les exceptions prévues au paragraphe 1540.02 pour les fonds de placement et les régimes de retraite s'appliquent également. De plus, les sociétés d'investissement qui satisfont aux conditions d'exception prévues pour les fonds de placement peuvent aussi s'abstenir de présenter un état des flux de trésorerie.

2. MÉTHODE À UTILISER POUR PRÉSENTER LES FLUX DE TRÉSORERIE LIÉS AUX ACTIVITÉS D'EXPLOITATION

Selon les normes américaines (seulement), si la méthode directe est utilisée pour présenter les flux de trésorerie liés aux activités d'opération, l'entreprise doit présenter une réconciliation des flux de trésorerie provenant des opérations avec le bénéfice net présenté à l'état des résultats.

3. FLUX DE TRÉSORERIE LIÉS AUX ÉLÉMENTS EXTRAORDINAIRES

Selon les normes américaines (seulement), il n'y a pas d'exigence concernant la présentation **distincte** des flux de trésorerie liés aux éléments extraordinaires.

4. FLUX DE TRÉSORERIE LIÉS AUX IMPÔTS SUR LES BÉNÉFICES

Selon les normes américaines (seulement), tous les flux de trésorerie liés aux impôts sont classifiés dans la section des activités d'exploitation.

5. INTÉRÊTS ET DIVIDENDES

La norme canadienne fait maintenant la distinction pour les intérêts et dividendes payés entre ceux qui sont pris en compte dans la détermination du bénéfice net et ceux qui sont portés au débit des BNR. Les premiers doivent être classés à titre de flux de trésorerie liés aux activités d'exploitation et les seconds, à titre de flux de trésorerie liés aux activités de financement. Les normes américaines ne font pas cette distinction en ce qui concerne la prise en compte des intérêts et dividendes à l'état des BNR ou à l'état des résultats. Les normes américaines prévoient que les intérêts et dividendes reçus, ainsi que les intérêts versés, doivent être classés à titre de flux de trésorerie liés aux activités d'exploitation (sauf pour la partie des intérêts qui correspond à un remboursement de capital, comme dans la norme canadienne). Les dividendes versés doivent être classés dans les activités de financement.

Selon la norme internationale, les intérêts et dividendes reçus peuvent être classés dans les activités d'exploitation ou dans les activités d'investissement, et les intérêts et dividendes payés peuvent être classés dans les activités d'exploitation ou dans les activités de financement.

6. FLUX DE TRÉSORERIE LIÉS AUX COENTREPRISES, AUX REGROUPEMENTS D'ENTREPRISES ET AUX CESSIONS D'UNITÉS

Dans les normes américaines, les éléments traités dans les paragraphes 1540.41 à 1540.43 portant sur les éléments en titre ne sont pas abordés :

- *a.* en ce qui concerne les participations dans les coentreprises, on ne spécifie pas que la société constate dans l'état sa quote-part des flux de trésorerie de la coentreprise. Toutefois, le fait de ne pas spécifier ce traitement comptable n'implique pas que celui-ci ne soit le traitement effectivement (et justement) appliqué par les entreprises ;

- *b.* en ce qui concerne les filiales acquises ou cédées et les unités d'exploitation cédées (au sens du chapitre 3475 sur les activités abandonnées), on ne spécifie pas que les éléments suivants doivent être présentés :

  - le prix total d'achat ou de cession ;

  - la fraction de celui-ci versée ou reçue sous forme d'espèces et de quasi-espèces ;

  - le montants des espèces et quasi-espèces acquises ou cédées ;

  - les éléments d'actif totaux, autres que les espèces et quasi-espèces, et les éléments de passif totaux acquis ou cédés.

La norme internationale a des exigences similaires à celles de la norme canadienne en ce qui concerne les points *a* et *b.* Toutefois, les éléments d'actif et de passif acquis ou cédés doivent être détaillés selon les principales catégories auxquelles ils appartiennent.

7. Informations à fournir concernant les espèces et quasi-espèces

Les normes américaines et la norme internationale sont similaires à la norme canadienne.

La norme américaine n'exige pas la mention du montant des espèces et quasi-espèces qui est grevé d'une affectation.

8. Autres informations à présenter à l'état des flux de trésorerie ou en note à celui-ci

La norme internationale encourage la présentation des informations suivantes :

- le montant des facilités de crédit non utilisées ;
- les flux de trésorerie liés aux coentreprises ;
- les flux de trésorerie requis pour maintenir la capacité d'opération ;
- les flux de trésorerie par secteur d'activité.

9. Présentation de la marge brute d'autofinancement

Selon les normes américaines, il est interdit de présenter la marge brute d'autofinancement par action.

La norme internationale n'aborde pas la question.

Établissement de l'état des flux de trésorerie

Un état des flux de trésorerie est généralement préparé à l'aide du bilan établi en fin d'exercice, du bilan de la fin de l'exercice précédent, de l'état des résultats de la période et de l'état des bénéfices non répartis. Des informations supplémentaires permettant de préciser les diverses opérations de l'exercice qui ont affecté les postes du bilan sont également nécessaires, car plusieurs opérations peuvent expliquer la variation observée dans un poste du bilan entre le début et la fin de l'exercice.

En fait, un état des flux de trésorerie peut être préparé avec aussi peu qu'une balance de vérification donnant les variations dans chaque compte du bilan et une liste d'informations permettant d'analyser ces variations et fournissant le solde de début d'exercice des postes compris dans les liquidités de l'entreprise.

La préparation d'un état des flux de trésorerie adoptant la méthode indirecte pour présenter les flux de trésorerie liés à l'exploitation s'effectue selon les étapes suivantes :

1a. Identification des éléments constitutifs des liquidités (espèces et quasi-espèces), détermination du total des liquidités à la fin et au début de l'exercice et établissement de la variation dans les liquidités ;

1*b*. Préparation du squelette de l'état, c'est-à-dire inscription des trois intitulés pour les flux de trésorerie liés aux activités d'exploitation, d'investissement et de financement, et inscription à l'état des espèces et quasi-espèces à l'ouverture de l'exercice et à la clôture de l'exercice ainsi que de la variation nette (augmentation ou diminution) dans les espèces et quasi-espèces. Il faut également indiquer en note à l'état la composition des espèces et quasi-espèces et rapprocher les montants présentés à l'état des flux de trésorerie avec les éléments équivalents présentés au bilan.

2. Détermination et inscription du bénéfice net (ou de la perte nette) dans la section concernant les activités d'exploitation.

3. Analyse des flux de trésorerie liés à chacune des opérations décrites dans la liste d'informations supplémentaires, et inscription immédiate des flux de trésorerie liés à chaque opération dans la ou les sections portant sur les activités dont ils relèvent.

   Des comptes en T peuvent être utilisés dans ce processus pour qu'il soit possible à la fin de celui-ci de s'assurer que la variation observée dans chaque poste du bilan a été entièrement expliquée.

   Les éléments n'affectant pas les liquidités qui sont rencontrés en effectuant cette analyse des informations supplémentaires sont immédiatement inscrits à titre de retraitement du bénéfice net.

4. Détermination et inscription dans les activités d'exploitation de la partie des variations dans chaque poste hors caisse du fonds de roulement qui est lié à l'exploitation.

5. Revue et analyse des variations dans tous les postes de l'actif et du passif à court et à long terme ainsi que dans les postes de l'avoir des actionnaires dans le but de déterminer si toutes les variations qui impliquaient des flux de trésorerie ou qui représentaient des ajustements au bénéfice net ont été inscrites à l'état.

6. Détermination du total des rentrées et des sorties de fonds découlant des trois types d'activités (plus (moins), s'il y a lieu, le gain (la perte) de change sur les espèces

libellées en monnaies étrangères) ; ce total doit correspondre à la variation dans les liquidités déterminée à la
première étape.

La démarche indiquée ci-dessus permet de préparer un état
des flux de trésorerie directement à partir des informations que
l'on possède. Un processus plus long consisterait en l'utilisation
d'un chiffrier.

La préparation de l'état des flux de trésorerie de Miroir ltée
pour l'exercice terminé le 31 décembre 19X5 illustre la démarche
décrite ci-dessus.

Voici le bilan de Miroir ltée au 31 décembre 19X5 avec les
chiffres correspondants au 31 décembre 19X4 :

Miroir ltée

BILAN
au 31 décembre 19X5

	19X5	19X4
Actif		
Encaisse	1 000 $	25 000 $
Placements temporaires		36 000
Comptes clients (nets de la provision		
pour créances douteuses)	522 000	312 000
Stocks	575 000	480 000
Placements à long terme	624 000	732 000
Équipements (déduction faite		
de l'amortissement cumulé)	2 343 600	2 040 000
Escompte à l'émission d'obligations	19 200	30 000
Total de l'actif	4 084 800 $	3 655 000 $
Passif et avoir des actionnaires		
Découvert bancaire	6 000 $	
Emprunt bancaire	420 000	48 000 $
Comptes fournisseurs	370 000	346 000
Impôts à payer	8 000	2 000
Obligations (6 %)	960 000	1 200 000
Actions privilégiées (valeur nominale de 100 $),		
convertibles à raison d'une action privilégiée		
contre trois actions ordinaires	300 000	360 000
Actions ordinaires (valeur nominale de 5 $)	532 500	500 000
Prime à l'émission d'actions ordinaires	679 900	408 000
Bénéfices non répartis	808 400	791 000
Total du passif et de l'avoir des actionnaires	4 084 800 $	3 655 000 $

Les données suivantes sont tirées de l'analyse des comptes:

1. Un gain de 95 000 $ a été réalisé sur la vente des placements temporaires et d'une partie des placements à long terme. Aucun placement n'a été acquis durant l'exercice.

2. Une machine, dont le coût original était de 72 000 $, a été vendue au cours de l'exercice. Le produit de la vente était égal à sa valeur comptable, soit 36 000 $. La dotation à l'amortissement pour l'exercice s'est élevée à 144 000 $. Plusieurs machines ont été achetées au comptant durant l'exercice.

3. Les obligations viennent à échéance le 31 décembre 19X9. Toutefois, le 31 décembre 19X5, l'entreprise a racheté, à 103, 240 obligations d'une valeur nominale de 1 000 $. La société amortit l'escompte à l'émission d'obligations de façon linéaire. À l'émission, une somme de 1 140 000 $ avait été reçue pour l'ensemble des obligations (valeur nominale de 1 200 000 $).

4. La charge d'intérêts figurant à l'état des résultats est de 83 000 $.

5. Des actionnaires privilégiés ont obtenu 1 800 actions ordinaires par suite de l'exercice de leur privilège de conversion. Des actions ordinaires ont aussi été émises contre espèces à un prix de 52 $.

6. Les dividendes versés au cours de l'exercice se sont élevés à 20 000 $.

7. Le solde bancaire fluctue souvent entre le disponible et le découvert.

8. Les placements temporaires n'incluent aucun titre pouvant être considéré comme des quasi-espèces ou comme des actifs détenus à des fins de commerce.

9. Les impôts exigibles figurant à l'état des résultats sont de 32 000 $.

SOLUTION

1. Identification des éléments constitutifs des liquidités (espèces et quasi-espèces), détermination du total des liquidités à la fin et au début de l'exercice et établissement de la variation dans les liquidités :

Variation des espèces

	Solde à la fin	Solde au début
Encaisse	1 000 $	25 000 $
Découvert bancaire	(6 000)	—
	(5 000) $	25 000 $
Diminution nette des espèces	(30 000)$	

2. Détermination de la perte nette :

Bénéfices non répartis au début	791 000 $
- Dividendes versés	20 000
- Bénéfices non répartis à la fin	808 400
Bénéfice net	37 400 $

3. Analyse des flux de trésorerie liés à chacune des opérations décrites dans la liste d'informations supplémentaires, et inscription immédiate des flux de trésorerie liés à chaque opération dans la ou les sections portant sur les activités dont ils relèvent.

Information n° 1 :
 vente de placements temporaires et à long terme

Rentrée de fonds pour les activités d'investissement :	
Diminution du total des placements	
(36 000 $ + 732 000 $ - 624 000 $)	144 000 $
Plus : gains sur vente	95 000
Somme encaissée	239 000 $

Information n° 2 :
vente et achat d'actifs ; amortissement de l'exercice

▸ La somme encaissée pour la machine vendue sera présentée parmi les activités d'investissement. Il n'y a pas d'ajustement à faire dans les éléments n'affectant pas les liquidités puisque la machine a été vendue à sa valeur comptable, donc sans gain ni perte à la vente.

▸ L'amortissement de l'équipement n'ayant occasionné aucune sortie de fonds, on doit faire retraiter le bénéfice net de l'exercice pour annuler l'effet de cet amortissement en ajoutant le montant de l'amortissement au bénéfice.

▸ La somme décaissée pour acheter d'autres machines doit être présentée dans les activités d'investissement. Le montant des achats est obtenu par différence à l'analyse du compte Équipements :

	Équipements (déduction faite de l'amortissement cumulé)		
	2 040 000 $		
		36 000 $	Disposition
Achat (par différence)	483 600	144 000	Amortissement
	2 343 600 $		

Information n° 3 :
rachat d'obligations et amortissement de l'escompte à l'émission d'obligations

▸ L'amortissement de l'escompte constitue un élément n'affectant pas les liquidités. En effet, bien qu'il ait pour effet d'augmenter la charge d'intérêts en sus des intérêts versés aux détenteurs d'obligations, il n'entraîne pas de sorties réelles de fonds. On doit retraiter le bénéfice net de l'entreprise pour annuler l'effet de cette charge supplémentaire en ajoutant le montant de l'amortissement de l'escompte au bénéfice net. Étant donné qu'au début de l'exercice, la durée restante des obligations était de cinq ans et qu'elles ont été en circulation durant tout l'exercice, l'amortissement de l'escompte pour l'exercice est de un cinquième du solde du compte escompte au début de l'exercice, soit $1/5 \times 30\ 000\ \$$.

▶ On doit également vérifier s'il y a eu une perte comptable enregistrée lors du rachat des obligations avant échéance. Une telle perte, qui ne correspond pas à un flux de liquidités, doit être rajoutée au bénéfice net. La perte au rachat d'obligations est calculée comme suit :

Prix du rachat (1 030 $ × 240 obligations)	247 200 $
– Valeur comptable des obligations	
(1 200 000 $ – 24 000 $) × 240/1 200 obligations	235 200
Perte	12 000 $

▶ Le montant versé pour racheter les obligations représente le flux de trésorerie qui doit se retrouver à l'état à titre de sortie de fonds, c'est-à-dire 247 200 $. Toutefois, cette somme comprend trois éléments : des intérêts versés lors du remboursement, un remboursement du capital reçu des obligataires à l'émission et la pénalité pour le rachat anticipé. Les intérêts versés lors du remboursement seront présentés dans la section activités d'exploitation, et les deux autres éléments seront présentés dans la section activités de financement. Les intérêts versés au remboursement sont déterminés en prenant en compte la différence entre la valeur nominale des obligations et le montant reçu des obligataires à l'émission des obligations, soit 240/1 200 × (1 200 000 $ – 1 140 000 $) = 12 000 $. Le remboursement du capital reçu des obligataires à l'émission et la pénalité pour le rachat anticipé s'élèvent à 235 200 $, soit 247 200 $ – 12 000 $.

▶ La variation dans le compte escompte à l'émission d'obligations a donc été entièrement expliquée :

Escompte à l'émission d'obligations

30 000 $		
	6 000 $	Amortissement : 1/5 × 30 000 $
		Escompte se rapportant
		aux obligations rachetées :
	4 800	240/1 200 × 24 000 $
19 200 $		

Information n° 4:
les intérêts payés durant l'exercice

Le montant des intérêts payés durant l'exercice ne correspond pas à la charge d'intérêts lorsqu'il y a des obligations ou d'autres titres d'emprunt émis à escompte ou à prime. Dans ce cas-ci, l'amortissement de l'escompte sur les obligations émises à escompte contribue à augmenter la charge d'intérêts par rapport aux intérêts versés. Il faut donc déduire le montant de l'amortissement de l'escompte de la charge d'intérêts pour obtenir le montant des intérêts payés. De plus, il faut ajouter les intérêts versés lors du remboursement des obligations, tel que déterminé ci-dessus à l'information numéro 3. Les intérêts payés sont déterminés comme suit:

Charge d'intérêts	83 000 $
– Amortissement de l'escompte à l'émission	(6 000)
+ Intérêts versés lors du remboursement des obligations	12 000
Intérêts payés	89 000 $

S'il y avait des intérêts à payer au bilan, il faudrait également tenir compte de la variation dans leur montant entre le début et la fin de l'exercice afin de déterminer les intérêts payés.

Information n° 5:
émissions d'actions ordinaires

▶ Le nombre d'actions émises au cours de l'exercice s'est élevé à 6 500. Ce nombre a été calculé comme suit:

augmentation du compte capital-actions ordinaires/valeur nominale des actions =

(532 500 $ – 500 000 $)/ 5 $ l'action = 6 500 actions

▶ 1 800 de ces actions ont été émises en faveur des actionnaires privilégiés qui ont converti leurs actions en actions ordinaires. La somme transférée au capital-actions ordinaires et à la prime à l'émission correspond à la diminution du compte capital-actions privilégiées.

▶ Les autres actions émises, soit 4 700, l'ont été au comptant au prix indiqué de 52 $ l'action, donc pour une somme de 244 400 $.

▸ La conversion des actions privilégiées ne sera pas présentée à l'état des flux de trésorerie puisqu'il n'y a aucun mouvement de trésorerie impliqué. Seul le montant encaissé lors de l'émission d'actions au comptant sera présenté dans les activités de financement à titre de rentrée de fonds.

Information n° 6:
dividendes versés

Le montant des dividendes versés au cours de l'exercice sera présenté à titre de sortie de fonds dans les activités de financement.

4. Détermination et inscription dans les activités d'exploitation de la partie des variations dans chaque poste hors caisse du fonds de roulement qui est lié à l'exploitation.

▸ L'augmentation de 24 000 $ des comptes fournisseurs indique qu'une partie des achats de l'exercice n'a pas été réglée. Cependant, dans la détermination du bénéfice de l'exercice, on a déjà tenu compte de ces achats pour lesquels aucun déboursé n'a été effectué. On doit donc retraiter le bénéfice net en ajoutant le montant des achats qui n'ont occasionné aucun décaissement.

▸ L'augmentation de 6 000 $ dans les impôts à payer indique qu'une partie des impôts exigibles de l'exercice n'a pas été réglée. Cependant, dans la détermination du bénéfice de l'exercice, on a déjà tenu compte de la totalité des impôts exigibles, même la portion de 6 000 $ pour laquelle aucun déboursé n'a été effectué. On doit donc retraiter le bénéfice net en ajoutant le montant des impôts exigibles qui n'a occasionné aucun décaissement. Les impôts sur le bénéfice qui ont été versés pour l'exercice s'élèvent à 26 000 $, soit les impôts exigibles de 32 000 $ moins la portion de 6 000 $ qui n'a pas été payée, mais qui a plutôt augmenté le solde des impôts à payer au bilan.

▸ L'augmentation de 210 000 $ des comptes clients (nets de la provision pour créances douteuses) indique qu'une partie des ventes n'a pas été encaissée. On doit retraiter le bénéfice net en soustrayant le montant des ventes qui n'ont pas donné lieu à des encaissements.

▶ L'augmentation de 95 000 $ des stocks indique qu'une partie des achats de l'exercice qui ont donné lieu à des sorties de fonds a été différée à l'actif dans les stocks. On doit retraiter le bénéfice net en soustrayant le montant de l'augmentation des stocks qui a donné lieu à des décaissements dont on n'a pas tenu compte dans la détermination du bénéfice net.

▶ L'augmentation de 372 000 $ dans l'emprunt bancaire ne représente pas un élément du fonds de roulement qui est lié à l'exploitation. Il s'agit plutôt d'une rentrée de fonds liée aux activités de financement de l'entreprise et, à ce titre, ce montant doit être présenté dans la section activités de financement. Seule l'augmentation de l'emprunt peut être présentée (donc, une présentation nette en vertu du paragraphe 1540.25) puisqu'il s'agit d'un élément dont la rotation est rapide et les échéances proches.

5. Revue et analyse des variations dans tous les postes de l'actif et du passif à court et à long terme ainsi que dans les postes de l'avoir des actionnaires dans le but de déterminer si toutes les variations qui impliquaient des flux de trésorerie ou qui représentaient des ajustements au bénéfice net ont été inscrites à l'état. Tous les comptes ont déjà été analysés, sauf prime à l'émission d'actions ordinaires et bénéfices non répartis. Ceux-ci sont conciliés ci-dessous :

Prime à l'émission d'actions ordinaires			Bénéfices non répartis
	408 000 $		791 000 $
		Actions émises au comptant Dividendes 20 000 $	
	220 900	4 700 actions × (52 $ − 5 $)	
		Actions émises lors de Bénéfice 37 400	
	51 000	la conversion d'actions net	
		privilégiées	
		60 000 $ − (1 800 actions × 5 $)	
	679 900 $		808 400 $

6. Détermination du total des rentrées et des sorties de fonds découlant des trois types d'activités, soit une diminution des espèces de 30 000 $; cette diminution correspond à la variation dans les liquidités déterminée à la première étape.

On doit inscrire à l'état les espèces et quasi-espèces à l'ouverture de l'exercice (+ 25 000 $) et à la clôture de l'exercice (– 5 000 $) ainsi que de la diminution nette (– 30 000 $) dans les espèces et quasi-espèces. Il faut également indiquer en note à l'état la composition des espèces et quasi-espèces; dans cet exemple, celles-ci comprennent l'encaisse et le découvert bancaire. Enfin, dans la note, il faut rapprocher les montants des espèces et quasi-espèces présentés à l'état des flux de trésorerie avec les éléments équivalents présentés au bilan.

L'état des flux de trésorerie de Miroir ltée est le suivant:

Miroir ltée

État des flux de trésorerie
pour l'exercice terminé le 31 décembre 19X5

Activités d'exploitation			
Bénéfice net			37 400 $
Ajustements pour :			
Gains sur vente de placements	(95 000) $		
Amortissement de l'équipement	144 000		
Amortissement de l'escompte sur obligations	6 000		
Perte sur rachat d'obligations	12 000		
Intérêts versés lors du remboursement des obligations	(12 000)		55 000
Variation des éléments hors caisse du fonds de roulement :			
Augmentation des comptes clients	(210 000)		
Augmentation des stocks	(95 000)		
Augmentation des comptes fournisseurs	24 000		
Augmentation des impôts à payer	6 000	(275 000)	
Flux de trésorerie liés aux activités d'exploitation			(182 600)
Activités d'investissement			
Produit de la vente de placements	239 000		
Produit de la vente de machine	36 000		
Achat d'équipement	(483 600)		
Flux de trésorerie liés aux activités d'investissement			(208 600)

Activités de financement

Augmentation nette de l'emprunt bancaire à court terme	372 000 $	
Produit de l'émission de capital-actions	244 400	
Remboursement d'obligations	(235 200)	
Dividendes versés	(20 000)	
Flux de trésorerie liés aux activités de financement		361 200 $
Diminution nette des espèces et quasi-espèces		(30 000)
Espèces et quasi-espèces à l'ouverture de l'exercice (note 1)		25 000
Espèces et quasi-espèces à la clôture de l'exercice (note 1)		(5 000) $

NOTES AFFÉRENTES À L'ÉTAT DES FLUX DE TRÉSORERIE

1. Espèces et quasi-espèces

   Les espèces et quasi-espèces comprennent des fonds en caisse et des soldes bancaires (découvert). Les espèces et quasi-espèces présentées à l'état des flux de trésorerie comprennent les montants suivants comptabilisés dans le bilan :

	19X5	19X4
Encaisse	1 000 $	25 000 $
Découvert bancaire	(6 000)	—
	(5 000) $	25 000 $

2. Intérêts et impôts sur les bénéfices payés

Intérêts payés	89 000 $
Impôts sur les bénéfices payés	26 000

Problèmes et solutions

PROBLÈME

Voici les changements survenus dans l'année se terminant le 31 décembre 19X7 aux comptes de bilan de Roto ltée (en milliers de dollars) :

	Débit	Crédit
Encaisse	51 $	
Comptes clients	50	
Provision pour créances douteuses		2 $
Stocks	75	
Machinerie	55	
Amortissement cumulé – machinerie	5	
Bâtiments	100	
Amortissement cumulé – bâtiments		20
Améliorations locatives	20	
Amortissement cumulé – améliorations locatives		4
Billet à recevoir de A ltée	70	
Écart d'acquisition		5
Escompte à l'émission d'obligations	5	
Comptes fournisseurs		5
Emprunt bancaire à court terme	90	
Dividendes à payer	5	
Impôts sur les bénéfices à payer	8	
Obligations à payer		180
Capital – actions ordinaires		150
Capital – actions privilégiées		96
Bénéfices non répartis		42
Impôts futurs à payer		30
Total	534 $	534 $

RENSEIGNEMENTS SUPPLÉMENTAIRES

1. Le bénéfice net de l'exercice s'établit à 96 000 $.

2. La société Roto ltée a déclaré des dividendes en espèces de 40 000 $ et en actions de 14 000 $.

3. L'encaisse au début de l'exercice se chiffrait à 50 000 $.

4. Les obligations ont été émises à la fin de l'exercice et ont une durée de dix ans.

5. Une machine a été achetée pour 90 000 $ et une autre a été vendue pour un prix de 10 000 $. Le coût original de la machine vendue, soit 35 000 $, avait été amorti à 80 %.

6. La société a également acquis un nouveau bâtiment pour 200 000 $ et a vendu, pour 50 000 $, un bâtiment de 100 000 $, lequel était amorti à 30 %.

7. La charge d'impôts de l'exercice (incluant la charge d'impôts futurs) s'élève à 45 000 $.

8. Les intérêts débiteurs de l'exercice s'élèvent à 7 000 $.

SOLUTION

Présentation des flux de trésorerie liés aux activités d'exploitation selon la méthode indirecte

Roto ltée
État des flux de trésorerie
pour l'exercice terminé le 31 décembre 19X7

Activités d'exploitation

Bénéfice net			96 000 $
Ajustements pour :			
Amortissement – machinerie		23 000 $	
Amortissement – bâtiments		50 000	
Amortissement – améliorations locatives		4 000	
Amortissement – écart d'acquisition		5 000	
Gain sur vente de machinerie		(3 000)	
Perte sur vente de bâtiment		20 000	
Charge d'impôts futurs		30 000	129 000
Variation des éléments hors caisse du fonds de roulement :			
Augmentation des comptes clients (nets)		(48 000)	
Augmentation des stocks		(75 000)	
Augmentation des comptes fournisseurs		5 000	
Diminution des impôts sur les bénéfices à payer		(8 000)	(126 000)
Flux de trésorerie liés aux activités d'exploitation			99 000

Activités d'investissement

Améliorations locatives	(20 000)	
Acquisition de bâtiment	(200 000)	
Acquisition de machinerie	(90 000)	
Prêt sur billet à recevoir	(70 000)	
Produit de la vente de machinerie	10 000	
Produit de la vente de bâtiment	50 000	
Flux de trésorerie liés aux activités d'investissement		(320 000)

Activités de financement

Diminution nette de l'emprunt bancaire à court terme	(90 000)	
Produit de l'émission d'obligations	175 000	
Produit de l'émission d'actions ordinaires	136 000	
Produit de l'émission d'actions privilégiées	96 000	
Dividendes versés	(45 000)	
Flux de trésorerie liés aux activités de financement		272 000
Augmentation nette des espèces et quasi-espèces		51 000
Espèces et quasi-espèces à l'ouverture de l'exercice (note 1)		50 000
Espèces et quasi-espèces à la clôture de l'exercice (note 1)		101 000 $

NOTES AFFÉRENTES À L'ÉTAT DES FLUX DE TRÉSORERIE

1. Espèces et quasi-espèces

    Les espèces et quasi-espèces comprennent des fonds en caisse et des soldes bancaires. Les espèces et quasi-espèces figurant dans l'état des flux de trésorerie incluent les montants suivants comptabilisés dans le bilan :

	19X7	19X6
Encaisse	101 000 $	50 000 $

2. Intérêts et impôts sur les bénéfices payés

Intérêts payés	7 000 $
Impôts sur les bénéfices payés	23 000

NOTES EXPLICATIVES

A : *Machinerie*

	Coût	Amortissement cumulé
Acquisition	90 000 $	
Vente (prix de vente de 10 000 $ – valeur comptable de 7 000 $ = 3 000 $ de gain)	(35 000)	(28 000) $
Amortissement de l'exercice (par différence)		23 000
Variation des comptes	55 000 $	(5 000) $

B : *Bâtiments*

	Coût	Amortissement cumulé
Acquisition	200 000 $	
Vente (valeur comptable de 70 000 $ – prix de vente de 50 000 $ = 20 000 $ de perte)	(100 000)	(30 000) $
Amortissement de l'exercice (par différence)		50 000
Variation des comptes	100 000 $	20 000 $

C : *Impôts sur les bénéfices payés*

Charge à l'état des résultats	45 000 $
Augmentation des impôts futurs à payer	(30 000)
Diminution des impôts sur les bénéfices à payer	8 000
Impôts payés durant l'exercice	23 000 $

PROBLÈME

Le bilan de la société Touche-à-Tout inc., dont vous êtes le contrôleur, se présente comme suit :

Société Touche-à-Tout inc.

BILAN
au 31 décembre 19X9

	19X9	19X8
Actif		
Actif à court terme		
Encaisse	259 400 $	96 000 $
Titres négociables	620 000	416 000
Comptes clients (nets)	70 000	80 000
Stocks	600 000	660 000
Frais payés d'avance	20 000	25 000
Total de l'actif à court terme	1 569 400	1 277 000
	. . . . . .	. . . . . .
Actif à long terme		
Placements en obligations	96 600	96 000
Immobilisations (nettes)	934 000	755 000
Écart d'acquisition	56 000	60 000
Total de l'actif	2 656 000 $	2 188 000 $
Passif et avoir des actionnaires		
Passif à court terme		
Emprunt bancaire	30 000 $	25 000 $
Comptes fournisseurs et frais courus à payer	90 000	78 000
Impôts sur les bénéfices à payer	30 000	45 000
Portion à court terme de la dette à long terme	120 000	100 000
Total du passif à court terme	270 000	248 000
	. . . . . .	. . . . . .
Passif à long terme		
Hypothèque à payer	270 000	—
Obligations à payer	800 000	900 000
Total du passif à long terme	1 070 000	900 000
	. . . . . .	. . . . . .

Avoir des actionnaires

Capital-actions		
Actions privilégiées sans valeur nominale ; dividende de 8 %, en circulation 25 000 (30 000 en 19X8)	250 000	300 000
Actions ordinaires sans valeur nominale ; en circulation 45 000 (40 000 en 19X8)	450 000	400 000
Bénéfices non répartis	616 000	340 000
Total de l'avoir des actionnaires	1 316 000	1 040 000
Total du passif et de l'avoir des actionnaires	2 656 000 $	2 188 000 $

RENSEIGNEMENTS SUPPLÉMENTAIRES

1. Les titres négociables incluent pour 40 000 $ et 18 000 $, respectivement à la fin et au début de l'exercice, de placements dans des instruments du marché monétaire. Les titres négociables ne comprennent pas d'actifs détenus à des fins de commerce. Il n'y a pas eu de vente de titres négociables au cours de l'exercice.

2. En juin 19X9, la société Touche-à-Tout a acquis un nouvel immeuble (et son terrain) qu'elle a financé au moyen d'une hypothèque, d'une durée de 15 ans, contractée auprès de la banque de l'entreprise. Elle a financé à même son encaisse pour 60 000 $ lors de l'acquisition de l'immeuble.

3. Les comptes fournisseurs et frais courus à payer incluent pour 30 000 $ et 28 000 $ d'intérêts courus à payer, respectivement à la fin et au début de l'exercice. La charge d'intérêts figurant à l'état des résultats est de 130 000 $.

4. La charge d'impôts à l'état des résultats s'élève à 150 000 $.

5. Le poste immobilisations présenté au bilan se détaille comme suit :

	19X9		19X8	
	Coût	Amortissement cumulé	Coût	Amortissement cumulé
Terrains	140 000 $	–	100 000 $	–
Immeubles	1 220 000	556 000 $	900 000	495 000 $
Matériel roulant	500 000	370 000	600 000	350 000
	1 860 000 $	926 000 $	1 600 000 $	845 000 $

Durant l'exercice, la société Touche-à-Tout a disposé d'un camion pour la somme de 80 000 $. Elle n'a pas acquis d'autre matériel roulant. La charge d'amortissement de l'exercice pour le matériel roulant s'est élevée à 50 000 $.

Il n'y a pas eu de disposition d'immeubles, ni d'acquisition de terrains autre que celui sur lequel est situé l'immeuble acquis.

6. Les actions privilégiées sont convertibles en actions ordinaires. Certains actionnaires se sont prévalus de ce privilège durant l'exercice, après que les dividendes annuels aient été déclarés et versés. Aucun dividende n'a été déclaré sur les actions ordinaires.

SOLUTION

Présentation des flux de trésorerie liés aux activités d'exploitation selon la méthode indirecte

Société Touche-à-Tout inc.

État des flux de trésorerie
pour l'exercice terminé le 31 décembre 19X9

Activités d'exploitation

Bénéfice net		300 000 $
Ajustements pour :		
Amortissement – immeubles	61 000 $	
Amortissement – matériel roulant	50 000	
Gain sur disposition – matériel roulant	(10 000)	
Amortissement – écart d'acquisition	4 000	
Amortissement de l'escompte – placement	(600)	104 400
Variation des éléments hors caisse du fonds de roulement :		
Diminution des comptes clients	10 000	
Diminution des stocks	60 000	
Diminution des frais payés d'avance	5 000	
Augmentation des comptes fournisseurs et des frais courus à payer	12 000	
Diminution des impôts à payer	(15 000)	72 000
Flux de trésorerie liés aux activités d'exploitation		476 400

Activités d'investissement

Acquisition d'un terrain et d'un immeuble	(360 000)	
Acquisition de titres négociables	(182 000)	
Produit de disposition de matériel roulant	80 000	
Flux de trésorerie liés aux activités d'investissement		(462 000)

Activités de financement

Augmentation nette de l'emprunt bancaire à court terme	5 000	
Remboursements sur la dette et les emprunts	(110 000)	
Encaissement sur l'hypothèque contractée	300 000	
Dividendes versés	(24 000)	
Flux de trésorerie liés aux activités de financement		171 000
Augmentation nette des espèces et quasi-espèces		185 400
Espèces et quasi-espèces à l'ouverture de l'exercice (note 1)		114 000
Espèces et quasi-espèces à la clôture de l'exercice (note 1)		299 400 $

NOTES AFFÉRENTES À L'ÉTAT DES FLUX DE TRÉSORERIE

1. Espèces et quasi-espèces

   Les espèces et quasi-espèces comprennent des fonds en caisse, des soldes bancaires et des placements dans des instruments du marché monétaire. Les espèces et quasi-espèces figurant dans l'état des flux de trésorerie incluent les montants suivants comptabilisés dans le bilan :

	19X9		19X8	
	Titres négociables	Espèces et quasi-espèces	Titres négociables	Espèces et quasi-espèces
Encaisse		259 400 $		96 000 $
Titres négociables				
– instruments du marché monétaire	40 000 $	40 000	18 000 $	18 000
– autres	580 000		398 000	
	620 000 $	299 400 $	416 000 $	114 000 $

2. Intérêts et impôts sur les bénéfices payés

Intérêts payés	128 000 $	
Impôts sur les bénéfices payés	165 000	

NOTES EXPLICATIVES

A : *Matériel roulant – gain sur disposition*

Prix de vente		80 000 $
Valeur comptable		
Coût (600 000 $ – 500 000 $)	100 000 $	
Amortissement cumulé		
(370 000 $ – 50 000 $ – 350 000 $)	(30 000)	(70 000)
Gain sur disposition		10 000 $

B : *Immeuble et terrain acquis ; hypothèque*

Variation du poste – terrain (140 000 $ – 100 000 $)		40 000 $
Variation du poste – immeubles (1 220 000 $ – 900 000 $)		320 000
		360 000
Versement comptant		(60 000)
Hypothèque contractée		300 000 $

C: **Versements sur la dette et les emprunts**

Solde au début :		
Portion à court terme de la dette à long terme	100 000 $	
Obligations à payer	900 000	1 000 000 $
Plus : Encaissement sur l'hypothèque contractée		300 000
Moins : Solde à la fin		
Portion à court terme de l'emprunt à long terme	120 000	
Hypothèque à payer	270 000	
Obligations à payer	800 000	(1 190 000)
Versements sur la dette et les emprunts		110 000 $

D: **Impôts payés**

Charge à l'état des résultats	150 000 $
Diminution de l'impôt à payer au bilan (45 000 $ – 30 000 $)	15 000
Impôts payés durant l'exercice	165 000 $

E: **Intérêts payés**

Charge à l'état des résultats	130 000 $
Augmentation de l'intérêt à payer au bilan (30 000 $ – 28 000 $)	(2 000)
Intérêts payés durant l'exercice	128 000 $

3 PROBLÈME

Voici le bilan de Risquetout ltée pour l'exercice se terminant le 31 décembre 19X5 :

Risquetout ltée

BILAN
au 31 décembre 19X5

	19X5	19X4
Actif		
Actif à court terme		
Encaisse	120 000 $	440 000 $
Titres négociables	474 800	80 000
Comptes clients (nets)	130 000	200 000
Stocks	800 000	160 000
Total de l'actif à court terme	1 524 800	880 000
Actif à long terme		
Placements en obligations	258 200	260 000
Immobilisations		
Terrains	410 000	350 000
Bâtiments	2 400 000	1 900 000
Amortissement cumulé – bâtiments	(625 000)	(550 000)
Équipements	900 000	1 100 000
Amortissement cumulé – équipements	(290 000)	(450 000)
Total de l'actif à long terme	3 053 200	2 610 000
Total de l'actif	4 578 000 $	3 490 000 $
Passif et avoir des actionnaires		
Passif à court terme		
Emprunt bancaire	50 000 $	80 000 $
Comptes fournisseurs et frais courus à payer	70 000	200 000
Impôts sur les bénéfices à payer	250 000	80 000
Dividendes à payer	90 000	60 000
Portion à court terme de l'hypothèque à payer	220 000	200 000
Total du passif à court terme	680 000	620 000

Passif à long terme

Hypothèque à payer	500 000	800 000
Obligations à payer	2 000 000	1 000 000
Prime à l'émission d'obligations	48 000	20 000
Total du passif à long terme	2 548 000	1 820 000

Avoir des actionnaires

Capital-actions ordinaires	500 000	400 000
Bénéfices non répartis	850 000	650 000
Total de l'avoir des actionnaires	1 350 000	1 050 000
Total du passif et de l'avoir des actionnaires	4 578 000 $	3 490 000 $

RENSEIGNEMENTS SUPPLÉMENTAIRES

1. Les titres négociables n'incluent pas de placements dans des instruments du marché monétaire, ni d'actifs détenus à des fins de commerce. Il n'y a pas eu de vente de titres au cours de l'exercice, mais de nouveaux placements ont été acquis.

2. Les placements à long terme en obligations avaient été achetés à prime. Il n'y a pas eu de vente ni d'achat de placements en obligations au cours de l'exercice.

3. L'entreprise a acquis au cours de l'exercice un bâtiment et un terrain ainsi que des équipements. Les équipements ont été financés par l'émission d'actions ordinaires directement au vendeur de l'équipement (la seule émission d'actions de l'exercice).

   On a vendu, pour un montant de 42 000 $, de l'équipement qui avait une valeur comptable nette de 50 000 $.

   Durant l'exercice, la société s'est fait exproprier par la municipalité un terrain qui était très bien situé et sur lequel elle espérait construire un entrepôt en 19X6. La Ville lui a remis une somme de 100 000 $. La valeur comptable du terrain était de 50 000 $. C'est la première fois que la société se fait exproprier. L'impôt sur l'élément extraordinaire est de 20 000 $.

4. Au cours de l'exercice, l'entreprise a émis, à 103, des obligations (1 000) d'une valeur nominale de 1 000 $ chacune. Les nouvelles obligations ainsi que celles en circulation au début de l'exercice viennent à échéance dans 20 ans.

5. Les seuls dividendes déclarés durant l'exercice n'ont pas encore été payés au 31 décembre 19X5.

6. Les intérêts débiteurs figurant à l'état des résultats s'élèvent à 240 000 $. Les impôts sur les bénéfices avant élément extraordinaire sont de 170 000 $

SOLUTION

Présentation des flux de trésorerie liés aux activités d'exploitation selon la méthode indirecte

Risquetout ltée

État des flux de trésorerie
pour l'exercice terminé le 31 décembre 19X5

Activités d'exploitation

Bénéfice net		290 000 $
Ajustements pour :		
Amortissement – bâtiments	75 000 $	
Amortissement – équipements	90 000	
Perte sur vente d'équipement	8 000	
Gain sur expropriation d'un terrain (élément extraordinaire)	(50 000)	123 000
Variation des éléments hors caisse du fonds de roulement :		
Diminution des comptes clients	70 000	
Augmentation des stocks	(640 000)	
Diminution des comptes fournisseurs et des		
frais courus à payer	(130 000)	
Augmentation des impôts sur les bénéfices à payer	170 000	(530 000)
Flux de trésorerie liés aux activités d'exploitation		(117 000)

Activités d'investissement

Remboursement de capital sur les placements en obligations	1 800	
Achat de placements temporaires	(394 800)	
Achat d'un terrain	(110 000)	
Achat d'un bâtiment	(500 000)	
Produit de l'expropriation d'un terrain (élément extraordinaire)	100 000	
Produit de disposition d'équipement	42 000	
Flux de trésorerie liés aux activités d'investissement		(861 000)

Activités de financement

Diminution nette de l'emprunt bancaire à court terme	(30 000)	
Remboursement de capital aux obligataires	(2 000)	
Produit de l'émission d'obligations	1 030 000	
Versements sur l'hypothèque	(280 000)	
Dividendes versés	(60 000)	
Flux de trésorerie liés aux activités de financement		658 000
Diminution nette des espèces et quasi-espèces		(320 000)
Espèces et quasi-espèces à l'ouverture de l'exercice (note 1)		440 000
Espèces et quasi-espèces à la clôture de l'exercice (note 1)		120 000 $

NOTES AFFÉRENTES À L'ÉTAT DES FLUX DE TRÉSORERIE

1. Espèces et quasi-espèces

   Les espèces et quasi-espèces comprennent des fonds en caisse et des soldes bancaires. Les espèces et quasi-espèces figurant dans l'état des flux de trésorerie incluent les montants suivants comptabilisés dans le bilan :

	19X5	19X4
Encaisse	120 000 $	440 000 $

2. Intérêts et impôts sur les bénéfices payés

Intérêts payés	240 000 $	
Impôts sur les bénéfices payés	20 000	

NOTES EXPLICATIVES

A : *Bénéfice net*

Bénéfices non répartis – solde au début	650 000 $
Dividendes déclarés durant l'exercice (à payer à la fin)	(90 000)
Bénéfice net	X
Bénéfices non répartis – solde à la fin	850 000 $

$$X = 290\ 000\ \$$$

B : *Amortissement – équipement*

Coût de l'équipement vendu :

Équipements – solde au début	1 100 000 $
Acquisition d'équipement contre émission d'actions (opération sans effet sur la trésorerie)	100 000
Coût de l'équipement vendu	(X)
Équipements – solde à la fin	900 000 $

$$X = 300\ 000\ \$$$

Amortissement cumulé se rapportant à l'équipement vendu :

Coût de l'équipement vendu	300 000 $
Valeur comptable de l'équipement vendu	(50 000)
Amortissement cumulé de l'équipement vendu	250 000 $

Amortissement de l'exercice – équipements :

Amortissement cumulé – équipements – solde au début	450 000 $
Amortissement cumulé de l'équipement vendu	(250 000)
Amortissement de l'exercice	X
Amortissement cumulé – équipements – solde à la fin	290 000 $

$$X = 90\ 000\ \$$$

C : *Acquisition de terrain*

Terrains – solde au début	350 000 $
Coût du terrain exproprié	(50 000)
Coût du terrain acheté	X
Terrains – solde à la fin	410 000 $

$$X = 110\ 000\ \$$$

D : *Remboursement de capital aux obligataires*

Prime à l'émission d'obligations – solde au début	20 000 $
Prime sur les obligations émises à 103 durant l'exercice	30 000
Amortissement de la prime pour l'exercice = remboursement de capital	(X)
Prime à l'émission d'obligations – solde à la fin	48 000 $

$$X = 2\ 000\ \$$$

E : *Versements sur la dette et les emprunts*

Solde au début :		
Portion à court terme de l'hypothèque à payer	200 000 $	
Hypothèque à payer	800 000	1 000 000 $
Moins : Solde à la fin		
Portion à court terme de l'hypothèque à payer	220 000	
Hypothèque à payer	500 000	(720 000)
Versements sur l'hypothèque		280 000 $

F : *Impôts payés*

Charge à l'état des résultats sur le bénéfice avant élément extraordinaire	170 000 $
Impôts sur l'élément extraordinaire	20 000
Augmentation de l'impôt à payer au bilan (250 000 $ – 80 000 $)	(170 000)
Impôts payés durant l'exercice	20 000 $

PROBLÈME

Voici le bilan de Duvernay ltée pour l'exercice se terminant le 31 décembre 19X7 :

Duvernay ltée

BILAN
au 31 décembre 19X7

	19X7	19X6
Actif		
Actif à court terme		
Encaisse	38 000 $	100 000 $
Placements temporaires	80 000	60 000
Comptes clients (nets)	1 620 000	1 400 000
Stocks	920 000	800 000
Total de l'actif à court terme	2 658 000	2 360 000
Actif à long terme		
Placements de portefeuille	335 000	280 000
Immobilisations		
Terrains	460 000	350 000
Bâtiments	2 770 000	2 440 000
Amortissement cumulé – bâtiments	(910 000)	(790 000)
Escompte et frais d'émission d'obligations	36 400	23 000
Total de l'actif à long terme	2 356 400	2 023 000
Total de l'actif	5 349 400 $	4 663 000 $
Passif et avoir des actionnaires		
Passif à court terme		
Emprunt bancaire	45 000 $	60 000 $
Comptes fournisseurs	1 240 000	1 000 000
Impôts sur les bénéfices à payer	10 000	150 000
Dividendes à payer	70 000	60 000
Portion à court terme des obligations	300 000	300 000
Total du passif à court terme	1 665 000	1 570 000

Passif à long terme

Obligations en séries	1 500 000	1 800 000
Obligations échéant en 19Y7	1 000 000	–
Total du passif à long terme	2 500 000	1 800 000

Avoir des actionnaires

Capital-actions ordinaires	540 000	450 000
Bénéfices non répartis	644 400	843 000
Total de l'avoir des actionnaires	1 184 400	1 293 000
Total du passif et de l'avoir des actionnaires	5 349 400 $	4 663 000 $

RENSEIGNEMENTS SUPPLÉMENTAIRES

1. Les placements temporaires n'incluent pas de titres de quasi-espèces, ni d'actifs détenus à des fins de commerce. Au cours de l'exercice, la société a vendu pour 45 000 $ des placements ayant un coût de 32 000 $. De plus, elle a acquis de nouveaux placements temporaires au comptant.

2. Durant l'exercice, la société a acheté de nouveaux placements de portefeuille en actions.

3. L'entreprise a vendu un terrain et un bâtiment au cours de l'exercice. Elle a disposé du terrain pour 60 000 $ réalisant ainsi une perte avant impôt de 50 000 $ et du bâtiment pour 290 000 $ réalisant ainsi une perte avant impôt de 150 000 $. Ce bâtiment avait coûté 600 000 $. L'entreprise n'a pas disposé d'autres terrains et bâtiments durant l'exercice. Au cours de l'exercice, l'entreprise a acquis un immeuble et un terrain.

4. Durant l'exercice, l'entreprise a effectué les versements prévus sur les obligations échéant en séries. La somme reçue à l'émission des obligations pour la tranche des obligations venant à échéance en 19X7 était de 294 500 $.

5. Les frais d'émission des nouvelles obligations (émises à leur valeur nominale au 31 décembre) ont été de 20 000 $.

6. La société a émis des actions pour se financer en plus de distribuer un dividende en actions aux actionnaires inscrits le 1er janvier 19X7. La valeur marchande des actions émises en dividende était de 50 000 $. Un dividende en espèces a été déclaré au 31 décembre 19X7 ; il n'y a pas eu d'autres dividendes en espèces déclarés au cours de l'exercice.

7. Les impôts figurant à l'état des résultats représentent une récupération de 35 000 $. Cette récupération d'impôts est prise en compte dans le solde du compte Impôts à payer présenté au bilan du 31 décembre 19X7. La charge d'intérêts figurant à l'état des résultats s'élève à 192 600 $.

SOLUTION

Présentation des flux de trésorerie liés aux activités d'exploitation selon la méthode indirecte

Duvernay ltée

État des flux de trésorerie

pour l'exercice terminé le 31 décembre 19X7

Activités d'exploitation

Perte nette			(78 600) $
Ajustements pour:			
Amortissement – bâtiments	280 000 $		
Amortissement – escompte et frais d'émission d'obligations	6 600		
Perte sur vente de terrain	50 000		
Perte sur vente de bâtiment	150 000		
Gain sur vente de placements temporaires	(13 000)		
Intérêts versés à l'échéance	(5 500)	468 100	
Variation des éléments hors caisse du fonds de roulement:			
Augmentation des comptes clients	(220 000)		
Augmentation des stocks	(120 000)		
Augmentation des comptes fournisseurs	(140 000)		
Diminution des impôts sur les bénéfices à payer	240 000	(240 000)	
Flux de trésorerie liés aux activités d'exploitation			(149 500)

Activités d'investissement

Achat de placements temporaires	(52 000)	
Produit de la vente de placements temporaires	45 000	
Achat de placements de portefeuille	(55 000)	
Achat de terrain	(220 000)	
Achat de bâtiment	(930 000)	
Produit de la vente de terrain	60 000	
Produit de la vente de bâtiment	290 000	
Flux de trésorerie liés aux activités d'investissement		(862 000)

Activités de financement

Diminution nette de l'emprunt bancaire à court terme	(15 000)	
Remboursement d'obligations en séries	(294 500)	
Produit de l'émission d'obligations	980 000	
Produit de l'émission d'actions	40 000	
Dividendes versés	(60 000)	
Flux de trésorerie liés aux activités de financement		650 500
Diminution nette des espèces et quasi-espèces		(62 000)
Espèces et quasi-espèces à l'ouverture de l'exercice (note 1)		100 000
Espèces et quasi-espèces à la clôture de l'exercice (note 1)		38 000 $

NOTES AFFÉRENTES À L'ÉTAT DES FLUX DE TRÉSORERIE

1. Espèces et quasi-espèces

   Les espèces et quasi-espèces comprennent des fonds en caisse et des soldes bancaires. Les espèces et quasi-espèces figurant dans l'état des flux de trésorerie incluent les montants suivants comptabilisés dans le bilan :

	19X7	19X6
Encaisse	38 000 $	100 000 $

2. Intérêts et impôts sur les bénéfices payés

Intérêts payés	191 500 $
Impôts sur les bénéfices payés	105 000

NOTES EXPLICATIVES

A : *Bénéfice net*

Bénéfices non répartis – solde au début	843 000 $
Dividende en espèces déclaré (et à payer) au 31 décembre	(70 000)
Dividende en actions	(50 000)
Perte nette	(X)
Bénéfices non répartis – solde à la fin	644 400 $

$$X = (78\ 600)\ \$$$

B : *Amortissement – bâtiment*

Valeur comptable nette du bâtiment vendu :

Prix de vente du bâtiment	290 000 $
Perte sur la vente du bâtiment	150 000
Valeur comptable nette	440 000 $

Amortissement cumulé se rapportant au bâtiment vendu :

Coût du bâtiment vendu	600 000 $
Valeur comptable nette	(440 000)
Amortissement cumulé se rapportant au bâtiment vendu	160 000 $

Amortissement de l'exercice :

Amortissement cumulé – bâtiments – solde au début	790 000 $
Amortissement cumulé se rapportant au bâtiment vendu	(160 000)
Amortissement de l'exercice	X
Amortissement cumulé – bâtiments – solde à la fin	910 000 $

$$X = 280\ 000\ \$$$

C : *Achat d'un bâtiment*

Bâtiments – solde au début	2 440 000 $
Coût du bâtiment vendu	(600 000)
Coût du bâtiment acquis	X
Bâtiments – solde à la fin	2 770 000 $

$$X = 930\ 000\ \$$$

D : *Gain sur vente de placements temporaires*

Prix de vente des placements	45 000 $
Valeur comptable des placements vendus	(32 000)
Gain sur la vente de placements	13 000 $

E : *Achat de placements temporaires*

Placements temporaires – solde au début	60 000 $
Coût des placements vendus	(32 000)
Coût des placements acquis	X
Placements temporaires – solde à la fin	80 000 $

$$X = 52\ 000\ \$$$

F : *Achat d'un terrain*

Coût du terrain vendu :

Prix de vente du terrain	60 000 $
Perte sur la vente du terrain	50 000
Coût du terrain vendu	110 000 $

Coût du terrain acheté :

Terrains – solde au début	350 000 $
Coût du terrain vendu	(110 000)
Coût du terrain acquis	X
Terrains – solde à la fin	460 000 $

$$X = 220\ 000\ \$$$

G : *Produit de l'émission d'obligations*

Valeur nominale des obligations émises	1 000 000 $
Frais d'émission	(20 000)
Produit de l'émission d'obligations	980 000 $

H : *Amortissement de l'escompte et des frais d'émission d'obligations*

Escompte et frais d'émission d'obligations – solde au début	23 000 $
Frais d'émission des obligations émises durant l'exercice	20 000
Amortissement de l'exercice	(X)
Escompte et frais d'émission d'obligations – solde à la fin	36 400 $

$$X = 6\ 600\ \$$$

I : *Intérêts payés*

Intérêts débiteurs à l'état des résultats	192 600 $
Amortissement de l'escompte et des frais d'émission d'obligations	(6 600)
Intérêts versés à l'échéance (300 000 $ – 294 500 $)	5 500
Impôts payés durant l'exercice	191 500 $

J : *Impôts payés*

Récupération d'impôts à l'état des résultats	(35 000) $
Diminution de l'impôt à payer au bilan (150 000 $ – 10 000 $)	140 000
Impôts payés durant l'exercice	105 000 $

Voici les balances de vérification de A ltée avant la fermeture des comptes au 31 décembre 19X8 et 19X9 (en milliers de dollars) :

	19X9	19X8
Débit		
Encaisse	62 $	36 $
Comptes clients	240	200
Stocks	150	170
Frais payés d'avance	50	40
Prêts à court terme aux employés	40	–
Placements de portefeuille	120	150
Machinerie	650	500
Bâtiments	1 200	1 000
Terrains	200	200
Écart d'acquisition	90	110
Coût des marchandises vendues	800	724
Frais de recherche et développement	120	100
Intérêts débiteurs	50	40
Amortissement – écart d'acquisition	20	20
Amortissement – bâtiments	100	80
Amortissement – machinerie	36	32
Charges diverses	18	16
Impôts sur les bénéfices (charge de l'exercice et impôts futurs)	134	126
Dévaluation d'actif – machinerie	24	–
	4 104 $	3 544 $

Crédit

Amortissement cumulé - machinerie	320 $	300 $
Amortissement cumulé - bâtiments	200	200
Comptes fournisseurs	200	128
Emprunt bancaire à court terme	98	80
Impôts sur les bénéfices à payer	46	70
Portion exigible de la dette à long terme	60	50
Impôts futurs à payer	80	52
Prime à l'émission d'obligations	6	5
Capital-actions ordinaires	800	700
Bénéfices non répartis	312	237
Intérêts débiteurs - amortissement de la prime sur obligations	2	2
Obligations à payer	540	450
Ventes	1 400	1 232
Autres produits	40	38
	4 104 $	3 544 $

RENSEIGNEMENTS SUPPLÉMENTAIRES

1. Il y a eu acquisition de machinerie à un coût de 200 000 $ et une vente à un prix de 15 000 $.

2. A ltée a également acquis un nouveau bâtiment à un coût de 325 000 $ et en a vendu un autre pour 35 000 $.

SOLUTION

Présentation des flux de trésorerie liés aux activités d'exploitation selon la méthode indirecte

A ltée

État des flux de trésorerie

pour l'exercice terminé le 31 décembre 19X9 (en milliers de dollars)

Activités d'exploitation

Bénéfice net		140 $
Ajustements pour :		
Amortissement – écart d'acquisition	20 $	
Amortissement – bâtiments	100	
Amortissement – machinerie	36	
Dévaluation d'actif	24	
Charge d'impôts futurs	28	
Gain – machinerie	(5)	
Gain – bâtiment	(10)	193
Variation des éléments hors caisse du fonds de roulement :		
Augmentation des comptes clients	(40)	
Diminution des stocks	20	
Augmentation des frais payés d'avance	(10)	
Augmentation des comptes fournisseurs	72	
Diminution des impôts sur les bénéfices à payer	(24)	18
Flux de trésorerie liés aux activités d'exploitation		351

Activités d'investissement

Produit de la vente de placements de portefeuille	30	
Achat de machinerie	(200)	
Achat de bâtiment	(325)	
Produit de la vente de machinerie	15	
Produit de la vente du bâtiment	35	
Prêts aux employés	(40)	
Flux de trésorerie liés aux activités d'investissement		(485)

Activités de financement

Augmentation nette de l'emprunt bancaire à court terme	18	
Produit de l'émission d'obligations	153	
Produit de l'émission de capital-actions ordinaires	100	
Dividendes versés	(59)	
Remboursements sur la dette à long terme	(52)	
Flux de trésorerie liés aux activités de financement		160
Augmentation nette des espèces et quasi-espèces		26
Espèces et quasi-espèces à l'ouverture de l'exercice (note 1)		36
Espèces et quasi-espèces à la clôture de l'exercice (note 1)		62 $

NOTES AFFÉRENTES À L'ÉTAT DES FLUX DE TRÉSORERIE

1. Espèces et quasi-espèces

Les espèces et quasi-espèces se composent des fonds en caisse et des soldes bancaires. Elles comprennent les montants suivants comptabilisés dans le bilan :

	19X9	19X8
Encaisse	62 000 $	36 000 $

2. Intérêts et impôts sur les bénéfices payés

Intérêts payés	50 $
Impôts sur les bénéfices payés	130

NOTES EXPLICATIVES

A : *Bénéfice net*

Les livres n'étant pas fermés, on doit déterminer le bénéfice net de 19X9 à partir des comptes de l'état des résultats :

Ventes	1 400 $	
Autres produits	40	1 440 $
Coût des marchandises vendues	800	
Frais de recherche et développement	120	
Intérêts débiteurs (50 $ – 2 $)	48	
Amortissement – achalandage	20	
Amortissement – bâtiments	100	
Amortissement – machinerie	36	
Charges diverses	18	
Dévaluation d'actif	24	
Impôt sur les bénéfices	134	1 300
Bénéfice net		140 $

B : *Dividendes versés*

La variation des bénéfices non répartis s'explique par :

BNR au début	237 $
+ Bénéfice net de 19X8 (déterminé à l'aide des comptes de 19X8 comme ci-dessus)	134
– Dividendes de 19X9	(X)
BNR à la fin	312 $

$$X = 59 \text{ \$}$$

C : *Émission d'obligations*

Solde au début	450 $
Portion exigible de la dette à long terme	(60)
	390
Émission	150
Solde à la fin	540 $

D : *Prime à l'émission d'obligations*

Solde au début	5 $
Amortissement de l'exercice	(2)
	3
Émission	3
Solde à la fin	6 $

Donc, le produit de l'émission d'obligations est :	
Valeur nominale des obligations émises	150 $
Plus : prime à l'émission	3
Produit de l'émission des obligations	153 $

E : *Remboursements sur la dette à long terme*

Portion exigible de la dette à long terme au début de l'exercice	50 $
Amortissement de la prime à l'émission (remboursement du capital reçu des obligataires à l'émission)	2
Remboursements sur la dette à long terme	52 $

F : *Machinerie*

Coût de la machinerie vendue :

Machinerie – solde au début	500 $
Acquisition de machinerie	200
Coût de la machinerie vendue	(50)
Machinerie – solde à la fin	650 $

Amortissement cumulé de la machinerie vendue :

Amortissement cumulé – machinerie – solde du début	300 $
Dévaluation	24
Amortissement	36
Amortissement cumulé se rapportant à la machinerie vendue	(40)
Amortissement cumulé – machinerie – solde à la fin	320 $

Gain sur vente de machinerie :

Prix de vente		15 000 $
– Valeur comptable nette :		
Coût	50 000 $	
Amortissement cumulé	(40 000)	(10 000)
Gain sur vente de machinerie		5 000 $

G : *Bâtiments*

Coût du bâtiment vendu :

Bâtiments – solde au début	1 000 $
Acquisition de bâtiment	325
Coût du bâtiment vendu	(125)
Bâtiments – solde à la fin	1 200 $

Amortissement cumulé du bâtiment vendu :

Amortissement cumulé – bâtiments – solde au début	200 $
Amortissement	100
Amortissement cumulé se rapportant au bâtiment vendu	(100)
Amortissement cumulé – bâtiments – solde à la fin	200 $

Gain sur vente de bâtiment :

Prix de vente		35 000 $
– Valeur comptable nette :		
Coût	125 000 $	
Amortissement cumulé	(100 000)	(25 000)
Gain sur vente de machinerie		10 000 $

H : *Impôts sur les bénéfices payés*

Impôts sur les bénéfices (charge de l'exercice et impôts futurs)	134 $
Augmentation des impôts futurs à payer (80 $ – 52 $)	(28)
Diminution des impôts sur les bénéfices à payer (70 $ – 46 $)	24
Impôts sur les bénéfices payés	130 $

6 PROBLÈME

Vous possédez les renseignements suivants concernant la société SCO ltée :

SCO ltée

BILAN
au 31 décembre 19X5

	19X5	19X4
Actif		
Actif à court terme		
Encaisse et dépôts à terme	196 000 $	224 000 $
Comptes clients (nets)	282 750	143 000
Stocks	909 000	534 000
Frais payés d'avance	16 000	15 000
Total de l'actif à court terme	1 403 750	916 000
Actif à long terme		
Placement en obligations	95 200	–
Placements en actions	289 000	263 000
Terrains	100 000	95 000
Usines et édifices	276 000	355 000
Amortissement cumulé	(172 500)	(173 000)
Matériel	542 500	370 500
Amortissement cumulé	(128 000)	(180 000)
Biens loués en vertu de contrats de location-acquisition	42 000	42 000
Amortissement cumulé	(16 000)	(12 000)
Améliorations locatives	150 000	150 000
Amortissement cumulé	(50 000)	(25 000)
Brevet, à la valeur amortie	88 000	45 000
Écart d'acquisition	255 000	275 250
Total de l'actif à long terme	1 471 200	1 205 750
Total de l'actif	2 874 950 $	2 121 750 $

Passif et avoir des actionnaires

Passif à court terme

Dette bancaire et autres emprunts à court terme	335 000 $	193 000 $
Dû aux sociétés affiliées	80 000	—
Comptes à payer et frais courus	288 000	224 000
Impôts sur les bénéfices à payer	50 000	69 000
Tranche de la dette à long terme et des contrats de location-acquisition échéant à moins d'un an	14 000	14 000
Total du passif à court terme	767 000	500 000

Passif à long terme

Dette à long terme	540 000	550 000
Obligations à long terme en vertu de contrats de location-acquisition	26 500	30 500
Impôts futurs à payer	53 600	35 000
Total du passif à long terme	620 100	615 500

Avoir des actionnaires

Capital-actions ordinaires	575 000	296 000
Bénéfices non affectés	754 850	580 250
Réserve	40 000	—
Plus-value constatée par expertise	118 000	130 000
Total de l'avoir des actionnaires	1 487 850	1 006 250
Total du passif et de l'avoir des actionnaires	2 874 950 $	2 121 750 $

RENSEIGNEMENTS SUPPLÉMENTAIRES

1. Les dépôts à terme viennent à échéance au cours des trois mois suivant la fin de l'exercice 19X5.

2. Le bénéfice net de l'exercice se chiffre à 242 200 $.

3. Au cours de l'exercice, SCO ltée a subi une perte avant impôts de 22 090 $ sur l'expropriation d'une usine de montage. Cette perte entraînera une réduction d'impôt de 10 000 $. La valeur comptable nette de l'usine était de 39 000 $. La valeur comptable du terrain sur lequel l'usine était située était de 20 000 $.

4. Au cours de l'exercice, SCO ltée a dû dévaluer ses stocks pour une somme de 125 000 $.

5. La société a vendu pour 45 000 $ des placements en actions qui avaient une valeur comptable de 39 000 $.

6. Le 1er septembre, SCO ltée a fait l'acquisition d'un placement à long terme en obligations pour une somme de 95 000 $. La valeur nominale de ces obligations est de 100 000 $ et elles viennent à échéance dans 8 ans à compter du 31 décembre 19X5. Le taux d'intérêt nominal est de 10 %. La société utilise la méthode de l'amortissement linéaire.

7. SCO ltée a fait l'acquisition d'un terrain, lequel fut financé par l'émission d'actions ordinaires directement au vendeur du terrain.

8. La charge d'impôts à l'état des résultats (incluant la charge d'impôts futurs) dans le bénéfice avant élément extraordinaire s'élève à 250 000 $.

9. Les intérêts débiteurs à l'état des résultats sont de 80 000 $. Les frais courus dans le passif à court terme comprennent 12 000 $ et 18 000 $ d'intérêts courus à payer respectivement au début et à la fin de l'exercice.

10. Plusieurs transactions relatives au matériel ont été effectuées au cours de l'année :
    - SCO ltée a procédé à la vente d'une partie de son matériel pour une somme de 5 000 $. Le coût et l'amortissement cumulé étaient respectivement de 70 000 $ et de 65 000 $.
    - Du matériel en mauvais état a été mis au rebut. Sa valeur comptable était de 1 000 $.
    - SCO ltée a acquis du matériel à un coût de 250 000 $. Cet achat fut financé par l'émission d'actions ordinaires directement au vendeur du matériel.

11. Il y a quelques années, SCO ltée a loué des biens en vertu de contrats de location-acquisition. Les paiements sont exigibles le 1er janvier de chaque année et ce, pendant encore 5 ans.

12. En janvier 19X5, SCO ltée a engagé des frais d'avocats s'élevant à 50 000 $ afin de défendre son brevet. La compagnie a gagné son procès.

13. En 19X5, on a radié des comptes s'élevant à 20 000 $.

14. En juillet 19X5, le conseil d'administration autorisa la création d'une réserve pour l'expansion future d'une usines.

15. En mars et septembre 19X5, des dividendes ont été distribués aux actionnaires ordinaires.

16. En février 19X5, la société a procédé à un fractionnement de ses actions ordinaires à raison de 2 pour 1.

SOLUTION

Présentation des flux de trésorerie liés aux activités d'exploitation selon la méthode indirecte

SCO ltée

État des flux de trésorerie
pour l'exercice terminé le 31 décembre 19X5

Activités d'exploitation

Bénéfice net		242 200 $
Ajustements pour :		
Gain sur vente de placements en actions	(6 000) $	
Perte sur mise au rebut de matériel	1 000	
Amortissement – escompte sur placement en obligations	(200)	
Amortissement – matériel	20 000	
Amortissement – usine	39 500	
Amortissement – écart d'acquisition	20 250	
Amortissement – améliorations locatives	25 000	
Amortissement – brevet	7 000	
Amortissement – biens loués en vertu de contrats de location-acquisition	4 000	
Charge d'impôts futurs	18 600	
Indemnité pour expropriation (élément extraordinaire)	22 090	151 240
Variation des éléments hors caisse du fonds de roulement :		
Augmentation des comptes fournisseurs et des frais courus	64 000	
Augmentation des stocks	(375 000)	
Augmentation des comptes et effets à recevoir	(139 750)	
Diminution de l'impôt sur les bénéfices à payer	(19 000)	
Augmentation des frais payés d'avance	(1 000)	(470 750)
Flux de trésorerie liés aux activités d'exploitation		(77 310)

Activités d'investissement

Acquisition d'un placement en obligations	(95 000)	
Acquisition de placements en actions	(65 000)	
Produit de la vente de placements en actions	45 000	
Expropriation d'une usine et d'un terrain (élément extraordinaire)	36 910	
Produit de la vente de matériel	5 000	
Capitalisation – frais de brevet	(50 000)	
Flux de trésorerie liés aux activités d'investissement		(123 090)

Activités de financement

Emprunts aux sociétés affiliées	80 000	
Augmentation nette des emprunts à court terme	142 000	
Produit de l'émission d'actions ordinaires	4 000	
Versements sur la dette à long terme	(10 000)	
Versements en vertu de contrats de location-acquisition	(4 000)	
Dividendes versés	(39 600)	
Flux de trésorerie liés aux activités de financement		172 400
Diminution nette des espèces et quasi-espèces		(28 000)
Espèces et quasi-espèces à l'ouverture de l'exercice (note 1)		224 000
Espèces et quasi-espèces à la clôture de l'exercice (note 1)		196 000 $

NOTES AFFÉRENTES À L'ÉTAT DES FLUX DE TRÉSORERIE

1. Espèces et quasi-espèces

   Les espèces et quasi-espèces se composent des fonds en caisse, des soldes bancaires et des dépôts à terme échéant à très court terme. Elles comprennent les montants suivants comptabilisés dans le bilan :

	19X5	19X4
Encaisse et dépôts à terme	196 000 $	224 000 $

2. Intérêts et impôts sur les bénéfices payés

Intérêts payés	74 000 $
Impôts sur les bénéfices payés	240 400

NOTES EXPLICATIVES

A : *Vente et acquisition de placements en actions*

Produit de la vente de placements en actions	45 000 $
Coût des placements vendus	(39 000)
Gain sur la vente de placements	6 000 $

Coût des placements achetés :

Solde des placements en actions au début	263 000 $
Coût des placements vendus	(39 000)
Coût des placements achetés	X
Solde des placements en actions à la fin	289 000

$$X = 65\ 000\ \$$$

B : *Amortissement – escompte sur placement en obligations*

Valeur nominale des obligations acquises	100 000 $
– Coût du placement	(95 000)
Escompte sur placement en obligations	5 000 $

Nombre de mois jusqu'à l'échéance : 100 mois
Amortissement par mois : 5 000 $/100 mois = 50 $
Amortissement de l'exercice : 50 $ × 4 mois = 200 $

Comme le démontre l'écriture ci-dessous, l'amortissement de l'escompte a pour effet d'augmenter les intérêts créditeurs par rapport aux intérêts reçus. L'amortissement doit donc être enlevé du bénéfice dans les ajustements.

Caisse	10 000	$
Placement en obligations	200	
Intérêts créditeurs	10 200	$

C : *Amortissement – matériel*

Coût de l'actif mis au rebut :

Matériel – solde du début	370 500	$
+ Acquisition	250 000	
– Coût du matériel vendu	(70 000)	
– Coût de l'actif mis au rebut	(X)	
Matériel – solde de la fin	542 500	$

$$X = 8\ 000\ \$$$

Amortissement cumulé sur l'actif mis au rebut :

Coût de l'actif mis au rebut	8 000	$
– Amortissement cumulé	(X)	
Valeur comptable	1 000	$

$$X = 7\ 000\ \$$$

Amortissement de l'exercice :

Amortissement cumulé – solde du début	180 000	$
– Amortissement cumulé – matériel vendu	(65 000)	
– Amortissement cumulé – actif mis au rebut	(7 000)	
+ Amortissement	X	
Amortissement cumulé – solde de la fin	128 000	$

$$X = 20\ 000\ \$$$

D : *Amortissement – usine*

Coût de l'usine vendue :

Usine – solde du début	355 000	$
– Coût de l'usine vendue	(X)	
Usine – solde de la fin	276 000	$

$$X = 79\ 000\ \$$$

Amortissement cumulé de l'usine vendue :

Coût de l'usine vendue	79 000	$
– Amortissement cumulé	(X)	
Valeur comptable nette	39 000	$

$$X = 40\ 000\ \$$$

Amortissement de l'exercice :

Amortissement cumulé – solde du début	173 000 $
– Amortissement cumulé – usine vendue	(40 000)
+ Amortissement	(X)
Amortissement cumulé – solde de la fin	172 500 $

$$X = 39\ 500\ \$$$

E : Amortissement – brevet

Brevet – solde du début	45 000 $
+ Capitalisation des frais d'avocats engagés durant l'exercice	50 000
– Amortissement	(X)
Brevet – solde de la fin	88 000 $

$$X = 7\ 000\ \$$$

F : Dividendes

Amortissement de la plus-value constatée par expertise :

Plus-value constatée par expertise au début	130 000 $
– Plus-value constatée par expertise à la fin	(118 000)
Amortissement de la plus-value	12 000 $

Dividendes :

BNR – solde du début	580 250 $
– Réserve	(40 000)
+ Amortissement de la plus-value constatée par expertise	12 000
+ Bénéfice net	242 200
– Dividendes	(X)
BNR – solde de la fin	754 850 $

$$X = 39\ 600\ \$$$

G : Expropriation d'une usine et d'un terrain

Valeur comptable nette de l'usine et du terrain (39 000 $ + 20 000 $)	59 000 $
– Perte extraordinaire	(22 090)
Montant encaissé	36 910 $

H : Intérêts payés

Intérêts débiteurs	80 000 $
Augmentation des intérêts courus à payer (18 000 $ – 12 000 $)	(6 000)
Intérêts versés	74 000 $

I : Impôts sur les bénéfices payés

Charges d'impôts sur les bénéfices avant élément extraordinaire	250 000 $
Recouvrement d'impôts sur l'élément extraordinaire	(10 000)
Augmentation des impôts futurs à payer	(18 600)
Diminution des impôts sur les bénéfices	19 000
Impôts payés	240 400 $

J : **Perte sur dévaluation de stocks**

La solution présentée ici n'implique aucun ajustement pour la perte sur dévaluation de stocks. Toutefois, si on voulait tenir compte de la perte de 125 000 $ sur dévaluation de stocks dans les ajustements en l'additionnant au bénéfice, il faudrait également la considérer dans la détermination de la variation des stocks à prendre en compte au niveau de la variation des éléments hors caisse du fonds de roulement, car le compte stocks a été affecté par un crédit correspondant à la perte sur dévaluation.

Variation des stocks :

Stock au début de l'exercice	534 000	$
– Perte sur dévaluation	(125 000)	
	409 000	
– Stocks à la fin de l'exercice	(909 000)	
Augmentation réelle des stocks	500 000	$

Comme l'effet des deux corrections s'annule au niveau des flux de trésorerie liés aux activités d'exploitation, on peut tout simplement ignorer la perte sur dévaluation de stocks dans la préparation de l'état des flux de trésorerie.

Si la perte avait plutôt été une perte sur incendie de stocks et qu'elle était présentée comme un élément extraordinaire à l'état des résultats, la perte pourrait faire l'objet d'un ajustement au bénéfice net tel qu'indiqué ci-dessus pour la perte sur dévaluation ou, comme il n'y a pas de flux de trésorerie d'impliqué, on pourrait ne faire aucun ajustement comme dans la solution présentée à ce problème.

7 PROBLÈME

Vous obtenez les renseignements suivants concernant la société GJ ltée :

GJ ltée

BILAN
au 31 décembre 19X5

	19X5	19X4
Actif		
Actif à court terme		
Encaisse	6 500 $	37 000 $
Titres négociables, au coût		
(valeur marchande de 35 000 $ en 19X5 et		
de 4 100 $ en 19X4)	30 000	4 000
Comptes clients et effets à recevoir (nets)	82 000	75 000
Stocks	298 000	253 000
Frais payés d'avance	10 500	8 400
Total de l'actif à court terme	427 000	377 400
Actif à long terme		
Placement dans XYZ ltée	51 500	30 000
Terrain, au coût	60 000	60 000
Bâtiments et équipements, au coût	531 000	415 000
Amortissement cumulé	(205 000)	(189 000)
Frais reportés	4 800	5 000
Écart d'acquisition	9 000	10 000
Total de l'actif à long terme	451 000	331 000
Total de l'actif	878 300 $	708 400 $
Passif à court terme		
Dette bancaire	56 000 $	30 000 $
Comptes fournisseurs et frais courus	124 400	108 500
Impôts sur les bénéfices à payer	4 000	6 000
Dividendes à payer	8 000	6 000
Total du passif à court terme	192 400	150 500

Passif à long terme

Obligations à payer, 15 %, échéant le 31 décembre 19Y4	100 000	—
Prime à l'émission d'obligations	3 600	—
Impôts futurs à payer	63 000	60 000
Total du passif à long terme	166 600	60 000

Avoir des actionnaires

Capital-actions ordinaires	62 000	53 000
Bénéfices non affectés	437 300	444 900
Réserve pour éventualités	20 000	—
Total de l'avoir des actionnaires	519 300	497 900
Total du passif et de l'avoir des actionnaires	878 300 $	708 400 $

GJ ltée

ÉTAT DES RÉSULTATS
pour l'exercice terminé le 31 décembre 19X5

Ventes		667 500 $
Produits financiers provenant de la participation dans XYZ comptabilisée à la valeur de consolidation		3 500
Produits financiers - gain sur la vente de titres négociables		1 100
		672 100
Frais d'exploitation, de vente et d'administration	600 000 $	
Amortissement des immobilisations	20 000	
Amortissement des autres actifs	3 000	
Intérêts débiteurs sur obligations	14 800	(637 800)
Bénéfice avant impôts		34 300
Impôts sur les bénéfices		(13 900)
Bénéfice net		20 400 $

RENSEIGNEMENTS SUPPLÉMENTAIRES

1. Les titres négociables n'incluent pas de titres de quasi-espèces. Des titres (coût de 2 000 $) ont été vendus durant l'exercice. La société a également acquis de nouveaux titres négociables.

2. En janvier 19X5, GJ ltée a augmenté son influence notable dans le satellite XYZ ltée en augmentant de 10 % sa participation dans la société. Par la suite, GJ ltée a encaissé un dividende de 2 000 $ versé par XYZ ltée. L'acquisition des actions a été financée, en partie, par une émission d'actions ordinaires contre espèces.

3. Au cours de l'exercice, la société a augmenté sa provision pour créances douteuses de 5 000 $.

4. En 19X5, la société a reçu et réglé une cotisation d'impôt de 3 900 $ relative à des charges non déductibles de l'année précédente. Cette charge additionnelle a été prise en compte dans la charge d'impôts de 19X5.

5. L'émission d'obligations a servi au financement d'une acquisition d'immobilisations de 100 000 $. Les obligations ont été émises contre espèces à 104 le 1er janvier 19X5 et les intérêts annuels sont payables le 31 décembre. Les frais financiers relatifs à cette émission se sont chiffrés à 2 000 $. La prime et les frais financiers à l'émission sont amortis linéairement.

6. Il n'y a pas d'intérêts courus à payer au début et à la fin de l'exercice dans les comptes fournisseurs et les frais courus.

7. Les frais reportés comprennent, en plus des frais d'émission d'obligations, des frais d'incorporation.

8. Au cours de l'exercice, GJ ltée a acquis une nouvelle pièce d'équipement à un coût de 24 000 $. La société a vendu une partie de son ancien équipement pour sa valeur comptable nette.

9. La société a créé une réserve de 20 000 $ dans le but de faire face à diverses éventualités.

10. Le 15 décembre 19X5, le conseil d'administration a déclaré des dividendes en espèces s'élevant respectivement à 3 000 $ et 5 000 $ en faveur des actionnaires privilégiés et des actionnaires ordinaires, payables le 15 janvier 19X6.

SOLUTION

Présentation des flux de trésorerie liés aux activités d'exploitation selon la méthode indirecte

GJ ltée
État des flux de trésorerie
pour l'exercice terminé le 31 décembre 19X5

Activités d'exploitation

Bénéfice net		20 400 $
Ajustements pour :		
Gain sur la vente des titres négociables	(1 100) $	
Amortissement – immobilisations	20 000	
Amortissement – écart d'acquisition	1 000	
Amortissement – frais d'incorporation	2 000	
Dividendes reçus de XYZ	2 000	
Produits financiers – quote-part du revenu dans XYZ ltée	(3 500)	
Charge d'impôts futurs	3 000	
Amortissement – frais d'émission d'obligations	200	23 600
Variation des éléments hors caisse du fonds de roulement :		
Augmentation des comptes fournisseurs et des frais courus	15 900	
Diminution des impôts sur les bénéfices à payer	(2 000)	
Augmentation des comptes et des effets à recevoir	(7 000)	
Augmentation des stocks	(45 000)	
Augmentation des frais payés d'avance	(2 100)	(40 200)
Flux de trésorerie liés aux activités d'exploitation		3 800

Activités d'investissement

Produit de la vente de titres négociables	3 100	
Achat de titres négociables	(28 000)	
Acquisition d'actions de XYZ ltée	(20 000)	
Acquisition d'immobilisations	(100 000)	
Produit de la vente d'équipement	4 000	
Acquisition d'équipement	(24 000)	
Flux de trésorerie liés aux activités d'investissement		(164 900)

Activités de financement

Remboursement de capital aux obligataires	(400)	
Produit de l'émission d'actions ordinaires	9 000	
Augmentation nette de la dette bancaire	26 000	
Dividendes versés	(6 000)	
Produit de l'émission d'obligations (net des frais financiers)	102 000	
Flux de trésorerie liés aux activités de financement		130 600
Diminution nette des espèces et quasi-espèces		(30 500)
Espèces et quasi-espèces à l'ouverture de l'exercice (note 1)		37 000
Espèces et quasi-espèces à la clôture de l'exercice (note 1)		6 500 $

NOTES AFFÉRENTES À L'ÉTAT DES FLUX DE TRÉSORERIE

1. Espèces et quasi-espèces

   Les espèces et quasi-espèces se composent des fonds en caisse et des soldes bancaires. Elles comprennent les montants suivants comptabilisés dans le bilan :

	19X5	19X4
Encaisse	6 500 $	37 000 $

2. Intérêts et impôts sur les bénéfices payés

Intérêts payés	14 600 $
Impôts sur les bénéfices payés	12 900

NOTES EXPLICATIVES

A : *Les amortissements des frais d'émission et de la prime sont inclus dans les frais d'intérêts sur obligations :*

Produit d'émission :
100 000 $ × 1,04 = 104 000 $ Prime = 4 000 $
Amortissement de la prime : 4 000 $/10 ans = 400 $
Amortissement des frais d'émission :
2 000 $/10 ans = 200 $

Pour un passif émis à prime, l'excédent des versements d'intérêts sur le rendement effectif constaté dans les résultats, c'est-à-dire l'amortissement de la prime, constitue un remboursement de capital. Il doit donc être présenté dans les activités de financement à titre de sortie de fonds. L'écriture pour l'enregistrement des intérêts débiteurs est la suivante :

Intérêts débiteurs	14 800 $	
Prime à l'émission d'obligations	400	
Frais reportés		200 $
Caisse (15 % × 100 000 $)		15 000

B : *Amortissement des frais d'incorporation*

Frais reportés – solde du début	5 000 $
+ Amortissement des autres actifs à l'exclusion de l'amortissement de l'écart d'acquisition [3 000 $ – (10 000 $ – 9 000 $)]	2 000
– Amortissement des frais d'émission reportés	(200)
– Amortissement des frais d'incorporation	(X)
Frais reportés – solde de la fin	4 800 $

$$X = 2 000 \$$$

C : *Acquisition d'actions de XYZ ltée*

Placement dans XYZ ltée – solde du début	30 000 $
+ Quote-part du revenu tiré du placement dans XYZ ltée	3 500
– Dividendes reçus	(2 000)
+ Augmentation du placement dans XYZ ltée	(X)
Placement dans XYZ ltée – solde de la fin	51 500 $

$$X = 20 000 \$$$

D : *Vente d'équipement*

Coût de l'équipement vendu :

Bâtiment et équipements – solde au début	415 000 $
+ Acquisition d'immobilisations	100 000
+ Acquisition – pièce d'équipement	24 000
– Coût de l'équipement vendu	(X)
Bâtiments et équipements – solde de la fin	531 000 $

$$X = 8\ 000\ \$$$

Amortissement cumulé de l'équipement vendu :

Amortissement cumulé – solde du début	189 000 $
+ Amortissement des immobilisations	20 000
– Amortissement cumulé de l'équipement vendu	(X)
Amortissement cumulé – solde de la fin	205 000 $

$$X = 4\ 000\ \$$$

Valeur comptable nette de l'équipement vendu :

Coût	8 000 $
– Amortissement cumulé	(4 000)
Valeur comptable nette	4 000 $

E : *Réconciliation des bénéfices non répartis*

BNR – début	444 900 $
– Réserve	(20 000)
+ Bénéfice net	20 400
– Dividendes déclarés	(8 000)
BNR – fin	437 300 $

F : *Dividendes versés*

Dividendes à payer au début	6 000 $
+ Dividendes déclarés	8 000
– Dividendes à payer à la fin	(8 000)
Somme versée	6 000 $

G : *Vente et acquisition de titres négociables*

Produit de la vente de titres négociables :

Coût des titres vendus	2 000 $
Gain sur la vente	1 100
Produit de la vente de titres	3 100 $

Coût des titres négociables achetés :

Titres négociables – solde au début	4 000 $
Coût des titres vendus	(2 000)
Coût des titres achetés	X
Titres négociables – solde de la fin	30 000 $

$$X = 28\ 000\ \$$$

H : *Impôts sur les bénéfices payés*

Impôts sur les bénéfices à l'état des résultats	13 900 $
– Augmentation des impôts futurs à payer	(3 000)
+ Diminution des impôts sur les bénéfices à payer	2 000
Impôts sur les bénéfices payés	12 900 $

I : *Intérêts payés*

Intérêts débiteurs	14 800 $
– Amortissement des frais d'émission reportés	(200)
Intérêts payés	14 600 $

8 PROBLÈME

Voici les renseignements concernant la société ADM ltée :

ADM ltée

BILAN
au 31 décembre 19X5

	19X5	19X4
Actif		
Actif à court terme		
Encaisse	7 000 $	2 000 $
Placements temporaires	9 800	33 000
Créances, billets et autres effets à recevoir, moins provision pour créances douteuses de 8 620 $ (8 880 $ en 19X4)	340 000	350 000
Créances – société mère	—	1 500
Stocks	410 000	390 000
Frais payés d'avance et autres frais	20 000	20 000
Total de l'actif à court terme	786 800	796 500
Actif à long terme		
Terrain	18 100	16 000
Édifices et améliorations	178 000	160 000
Amortissement cumulé	(75 000)	(70 000)
Machinerie et équipement	380 000	340 000
Amortissement cumulé	(145 000)	(180 000)
Biens loués en vertu de contrats de location-acquisition	50 000	—
Amortissement cumulé	(10 000)	—
Frais de développement	125 000	75 000
Total de l'actif à long terme	521 100	341 000
Total de l'actif	1 307 900 $	1 137 500 $

Passif à court terme

Emprunt bancaire	30 000 $	30 500 $
Comptes fournisseurs et frais courus	290 000	240 000
Impôts sur les bénéfices à payer	32 000	10 000
Tranche à court terme de la dette à long terme	7 500	7 500
Tranche des contrats de location-acquisition échéant à moins d'un an	5 000	—
Total du passif à court terme	364 500	288 000

Passif à long terme

Dû aux administrateurs	750	600
Dette à long terme, 11,25 %, à fonds d'amortissement, échéant en divers montants de l'exercice 19X7 à celui de 19Y2	117 500	125 000
Obligations à long terme en vertu de contrats de location-acquisition	40 000	—
Impôts futurs à payer	76 000	77 000
Total du passif à long terme	234 250	202 600

Avoir des actionnaires

Actions ordinaires, valeur nominale de 100 $ l'action	15 000	10 000
Prime à l'émission d'actions ordinaires	2 600	1 500
Actions privilégiées, valeur nominale de 100 $ l'action, rachetables à 130 $ l'action, convertibles en deux actions ordinaires	8 000	12 000
Prime à l'émission d'actions privilégiées	1 600	2 400
Réserve pour rachat d'actions privilégiées	2 800	8 000
Plus-value constatée par expertise	19 000	20 000
BNR	660 150	593 000
Total de l'avoir des actionnaires	709 150	646 900
Total du passif et de l'avoir des actionnaires	1 307 900 $	1 137 500 $

RENSEIGNEMENTS SUPPLÉMENTAIRES

1. La vente des placements temporaires a donné lieu à un gain de 8 250 $. Les placements temporaires n'incluent pas de titres de quasi-espèces. Il n'y a pas eu d'acquisition de placements temporaires au cours de l'exercice.

2. ADM ltée a radié des livres de l'équipement dont le coût d'acquisition était de 30 000 $, lequel était complètement amorti. De plus, la société a procédé à la vente d'une partie de ses équipements dont le coût était de 70 000 $ et l'amortissement cumulé de 35 000 $. Le gain sur la vente de ces équipements s'est élevé à 550 $. Certains autres équipements ont été acquis durant l'année.

3. Au cours de l'exercice, ADM ltée a fait l'acquisition d'un terrain appartenant à un administrateur de la société. Le paiement a été effectué de la façon suivante :

Versement en espèces à l'administrateur	100 $
Émission d'actions ordinaires en faveur de l'administrateur	2 000

4. Au début de l'exercice, ADM ltée a acquis des biens par contrats de location-acquisition. Les versements en vertu des contrats sont payables au début de chaque année. Un montant de 5 000 $ a été versé pour l'année 19X5.

5. La société a capitalisé pour 60 000 $ de frais de développement qui ont donné lieu à des déboursés au cours de l'exercice.

6. Au cours de l'exercice, l'entreprise a effectué les opérations suivantes sur son capital-actions :

   En mars 19X5, ADM ltée a déclaré et distribué un dividende en actions ordinaires de 10 % à un moment où le cours des actions était de 120 $.

   En septembre 19X5, le conseil d'administration a racheté et annulé un certain nombre d'actions privilégiées. À la suite de ce rachat, la société a annulé une partie de la réserve créée à cette fin.

   En octobre 19X5, ADM ltée a procédé à une émission d'actions ordinaires.

7. Au cours de l'exercice, la société a distribué un dividende de 80 000 $.

8. Les intérêts débiteurs figurant à l'état des résultats sont de 23 000 $. Il n'y a pas d'intérêts courus à payer au début ni à la fin de l'exercice.

9. La charge d'impôts comptabilisée dans l'état des résultats (incluant la charge d'impôts futurs) est de 120 000 $.

SOLUTION

Présentation des flux de trésorerie liés aux activités d'exploitation selon la méthode indirecte

ADM ltée

État des flux de trésorerie
pour l'exercice terminé le 31 décembre 19X5

Activités d'exploitation

Bénéfice net		142 550 $
Ajustements pour :		
Gain sur vente d'équipements	(550) $	
Gain sur vente de placements temporaires	(8 250)	
Amortissement – équipement	30 000	
Amortissement – frais de développement	10 000	
Amortissement – édifices	5 000	
Amortissement – biens loués en vertu de contrats de location-acquisition	10 000	
Charge d'impôts futurs	(1 000)	45 200
Variation des éléments hors caisse du fonds de roulement :		
Diminution des créances à recevoir	10 000	
Augmentation des comptes fournisseurs	50 000	
Augmentation des impôts à payer	22 000	
Diminution des créances – société mère	1 500	
Augmentation des stocks	(20 000)	63 500
Flux de trésorerie liés aux activités d'exploitation		251 250

Activités d'investissement

Produit de la vente de placements temporaires	31 450	
Acquisition d'un terrain	(100)	
Acquisition d'équipements	(140 000)	
Produit de la vente d'équipements	35 550	
Frais de développement payés	(60 000)	
Améliorations locatives	(18 000)	
Flux de trésorerie liés aux activités d'investissement		(151 100)

Activités de financement

Diminution nette de l'emprunt bancaire	(500)	
Produit de l'émission d'actions ordinaires	2 900	
Rachat d'actions privilégiées	(5 200)	
Emprunts à des administrateurs de la société	150	
Versements sur la dette à long terme	(7 500)	
Versements en vertu de contrats de location-acquisition	(5 000)	
Dividendes versés	(80 000)	
Flux de trésorerie liés aux activités de financement		(95 150)

Augmentation nette des espèces et quasi-espèces	5 000
Espèces et quasi-espèces à l'ouverture de l'exercice (note 1)	2 000
Espèces et quasi-espèces à la clôture de l'exercice (note 1)	7 000 $

NOTES AFFÉRENTES À L'ÉTAT DES FLUX DE TRÉSORERIE

1. Espèces et quasi-espèces

   Les espèces et quasi-espèces se composent des fonds en caisse et des soldes bancaires. Elles comprennent les montants suivants comptabilisés dans le bilan:

	19X5	19X4
Encaisse	7 000 $	2 000 $

2. Intérêts et impôts sur les bénéfices payés

Intérêts payés	23 000 $
Impôts sur les bénéfices payés	99 000

NOTES EXPLICATIVES

A: *Bénéfice net*

BNR – début			59 300 $
– Dividendes versés en espèces			(80 000)
– Dividendes en actions: 100 actions × 10 % × 120 $			(1 200)
– Prime au rachat des actions privilégiées:			

Nombre d'actions rachetées:
(12 000 $ – 8 000 $) = 4 000 $ (diminution du capital-actions privilégiées)
4 000 $/100 $ (valeur nominale des actions) = 40 actions rachetées

Prix du rachat:			
(130 $ × 40 actions) =		5 200 $	
Valeur comptable des actions rachetées:			
Valeur nominale	4 000 $		
+ Prime à l'émission (2 400 $ – 1 600 $)	800	(4 800)	
Prime au rachat			(400)
+ Réserve pour rachat d'actions privilégiées (8 000 $ – 2 800 $)			5 200
+ Amortissement de la plus-value constatée par expertise			
(20 000 $ – 19 000 $)			1 000
+ Bénéfice net			X
BNR – fin			660 150 $

X = 142 550 $

B: *Amortissement – équipement*

Amortissement cumulé - solde du début	180 000 $
Amortissement cumulé - équipement radié	(30 000)
Amortissement cumulé - équipement vendu	(35 000)
Amortissement	X
Amortissement cumulé - solde de la fin	145 000 $

X = 30 000 $

C : Amortissement – frais de développement

Frais de développement – solde du début	75 000 $
+ Capitalisation des frais de développement de l'exercice	60 000
– Amortissement	(X)
Frais de développement – solde de la fin	125 000 $

$$X = 10\ 000\ \$$$

D : Acquisition d'équipements

Machinerie et équipements – solde du début	340 000 $
– Coût de l'équipement radié des livres	(30 000)
– Coût de l'équipement vendu	(70 000)
+ Acquisition d'équipement	X
Machinerie et équipements – solde fin	380 000 $

$$X = 140\ 000\ \$$$

E : Vente d'équipements

Coût d'acquisition	70 000 $
– Amortissement cumulé	(35 000)
Valeur comptable nette	35 000 $
+ Gain sur vente	550
Produit de la vente d'équipements	35 550 $

F : Vente de placements temporaires

Placements temporaires – solde du début	33 000 $
– Placements temporaires – solde fin	(9 800)
+ Gain sur vente de placement	8 250
Produit de la vente de placements	31 450 $

G : Émission d'actions ordinaires

Capital-actions au début	10 000 $
+ Prime à l'émission au début	1 500
+ Actions émises en dividende	1 200
+ Actions émises pour le terrain	2 000
+ Autres actions émises	X
Capital-actions à la fin (15 000 $)	
+ Prime à l'émission à la fin (2 600 $)	17 600 $

$$X = 2\ 900\ \$$$

H : Impôts sur les bénéfices payés

Charge à l'état des résultats	120 000 $
+ Diminution des impôts futurs à payer	1 000
– Augmentation des impôts sur les bénéfices à payer	(22 000)
Impôts payés	99 000 $

9 PROBLÈME

Vous obtenez les renseignements suivants concernant la société PH ltée :

PH ltée

BILAN
au 31 décembre 19X5

	19X5	19X4
Actif		
Actif à court terme		
Encaisse	33 000 $	40 000 $
Placements temporaires	10 000	68 500
Comptes clients (nets)	179 000	190 000
Billets à recevoir des administrateurs	2 000	2 000
Stocks	30 000	41 000
Frais payés d'avance	7 000	6 500
Total de l'actif à court terme	261 000	348 000
Actif à long terme		
Billets à recevoir des administrateurs	3 000	5 000
Placements en obligations	410 500	—
Immobilisations (déduction faite de l'amortissement cumulé)	1 850 000	1 792 000
Écart d'acquisition	129 600	138 000
Escompte à l'émission d'obligations	2 625	4 000
Total de l'actif à long terme	2 395 725	1 939 000
Total de l'actif	2 656 725 $	2 287 000 $
Passif à court terme		
Emprunt bancaire	4 500 $	13 000 $
Comptes fournisseurs	398 225	427 000
Revenus reportés	55 000	52 000
Frais courus à payer	60 000	80 000
Impôts sur les bénéfices à payer	40 000	60 000
Total du passif à court terme	557 725	632 000
Passif à long terme		
Billet à payer	100 000	—
Obligations à payer, 8 %, échéant le 31 décembre 19Y2	750 000	1 000 000
Impôts futurs à payer	14 000	16 000
Total du passif à long terme	864 000	1 016 000

Avoir des actionnaires

Capital-actions:		
Actions ordinaires, valeur nominale de 20 $	540 000	260 000
Actions privilégiées, valeur nominale de 15 $	360 000	210 000
Prime à l'émission d'actions ordinaires	87 000	16 000
Prime à l'émission d'actions privilégiées	62 000	12 000
Total du capital-actions	1 049 000	498 000
BNR	186 000	141 000
Total de l'avoir des actionnaires	1 235 000	639 000
Total du passif et de l'avoir des actionnaires	2 656 725 $	2 287 000 $

RENSEIGNEMENTS SUPPLÉMENTAIRES

1. Les placements temporaires ne comprennent pas de titres de quasi-espèces. La société a acquis pour 23 000 $ de nouveaux placements. Les gains sur vente de placements temporaires se sont élevés à 8 000 $.

2. Au début de l'exercice, une poursuite a été intentée contre la société par des employés ayant été blessés lors de l'incendie ayant détruit une partie des installations de l'entreprise en 19X4. Le jugement a été rendu et PH ltée a dû débourser 24 000 $ en dommages et intérêts. Le taux d'imposition de la compagnie est de 50 %.

3. Au 30 mars 19X5, PH ltée a fait l'acquisition d'obligations à leur valeur nominale de 410 500 $ moyennant l'émission de 13 000 actions ordinaires directement au vendeur et le versement du solde en espèces. Le cours des actions à cette date était de 25 $ l'action.

4. L'amortissement de l'exercice concernant les immobilisations corporelles est de 112 000 $. Durant l'exercice, une machine, dont la valeur comptable nette était de 150 000 $, a été vendue pour 148 000 $ comptant.

   En mai 19X5, des équipements mis au rebut, qui étaient complètement amortis, ont été remplacés par de nouveaux. Ces acquisitions ont été financées en partie par l'émission, au vendeur, d'un billet à long terme de 100 000 $ et d'actions privilégiées pour une somme de 200 000 $. La balance du prix d'achat a été réglée en espèces.

5. Le 31 décembre 19X5, PH ltée a racheté par anticipation, à 101, 250 obligations d'une valeur nominale de 1 000 $. L'escompte à l'émission d'obligations est amorti linéairement. Les intérêts sont payables le 31 décembre. L'ensemble des obligations détenues au 1er janvier 19X5 avaient été émises le 1er janvier 19X3 pour une somme de 995 000 $.

6. En octobre 19X5, la société a distribué un dividende de 1 $ l'action privilégiée et de 1,50 $ l'action ordinaire.

7. En novembre 19X5, PH ltée a émis des actions ordinaires pour un total de 26 000 $.

8. Les intérêts débiteurs figurant à l'état des résultats sont de 86 500 $. Il n'y a pas d'intérêts courus à payer au début ni à la fin de l'exercice.

9. La charge d'impôts sur le bénéfice avant élément extraordinaire comptabilisée dans l'état des résultats (incluant la charge d'impôts futurs) est de 118 000 $.

SOLUTION

Présentation des flux de trésorerie liés aux activités d'exploitation selon la méthode indirecte

PH ltée

État des flux de trésorerie
pour l'exercice terminé le 31 décembre 19X5

Activités d'exploitation

Bénéfice net (note 1)		108 000 $
Ajustements pour :		
Gain sur vente de placements temporaires	(8 000) $	
Perte sur vente de machine	2 000	
Amortissement – immobilisations	112 000	
Amortissement – escompte sur obligations	500	
Perte sur rachat d'obligations	3 375	
Intérêts versés au rachat	(1 250)	
Amortissement – écart d'acquisition	8 400	
Charge d'impôts futurs	(2 000)	115 025
Variation des éléments hors caisse du fonds de roulement :		
Diminution des comptes clients	11 000	
Diminution des stocks	11 000	
Augmentation des revenus reportés	3 000	
Augmentation des frais payés d'avance	(500)	
Diminution des comptes fournisseurs	(28 775)	
Diminution des frais courus	(20 000)	
Diminution des impôts à payer	(20 000)	(44 275)
Flux de trésorerie liés aux activités d'exploitation		178 750

Activités d'investissement

Achat de placements temporaires	(23 000)	
Achat d'équipement	(20 000)	
Acquisition d'un placement en obligations	(85 500)	
Produit de la vente de placements temporaires	89 500	
Produit de la vente d'une machine	148 000	
Encaissement sur billets à recevoir	2 000	
Flux de trésorerie liés aux activités d'investissement		111 000

Activités de financement

Diminution nette de l'emprunt bancaire	(8 500)	
Produit de l'émission d'actions ordinaires	26 000	
Rachat d'obligations	(251 250)	
Dividendes versés sur actions privilégiées	(24 000)	
Dividendes versés sur actions ordinaires	(39 000)	
Flux de trésorerie liés aux activités de financement		(296 750)

Diminution nette des espèces et quasi-espèces	(7 000)
Espèces et quasi-espèces à l'ouverture de l'exercice (note 2)	40 000
Espèces et quasi-espèces à la clôture de l'exercice (note 2)	33 000 $

NOTES AFFÉRENTES À L'ÉTAT DES FLUX DE TRÉSORERIE

1. Le bénéfice net comprend une sortie de fonds de 24 000 $ pour des indemnités versées sur une poursuite intentée par les employés de la société (élément extraordinaire).

2. Les espèces et quasi-espèces se composent des fonds en caisse et des soldes bancaires. Elles comprennent les montants suivants comptabilisés dans le bilan :

	19X5	19X4
Encaisse	33 000 $	40 000 $

2. Intérêts et impôts sur les bénéfices payés

Intérêts payés	87 250 $	
Impôts sur les bénéfices payés	128 000	

NOTES EXPLICATIVES

A : *Bénéfice net*

BNR – début	141 000 $
– Dividendes sur	
Actions privilégiées :	
360 000 $/15 $ = 24 000 actions × 1 $	(24 000)
Actions ordinaires :	
260 000 $ + (13 000 actions × 20 $) =	
520 000 $/20 $ = 26 000 actions × 1,50 $	(39 000)
+ Bénéfice net	X
BNR – fin	186 000 $

$$X = 108\ 000\ \$$$

B : *Placements temporaires*

Coût des placements vendus :

Placements temporaires – solde du début	68 500 $
+ Coût des placements acquis	23 000
– Coût des placement vendus	(X)
Placements temporaires – solde à la fin	10 000 $

$$X = 81\ 500\ \$$$

Produit de la vente de placements :

Produit de la vente de placements	X $
– Coût des placements vendus	(81 500)
– Gain sur vente de placements	8 000 $

$$X = 89\ 500\ \$$$

C : *Perte sur vente de machine*

Prix de vente	148 000 $
– Valeur comptable nette	(150 000)
Perte sur vente de machine	(2 000) $

D : *Achat d'équipement*

Immobilisations (nettes) – solde du début	1 792 000 $
– Valeur comptable nette de l'immobilisation vendue	(150 000)
– Amortissement	(112 000)
+ Acquisition	X
Immobilisations (nettes) – solde de la fin	1 850 000 $

$$X = 320\ 000\ \$$$

Comme l'achat a été financé par l'émission, directement au vendeur, d'actions privilégiées et d'un billet à payer à long terme pour un total de 300 000 $, il n'y a que le montant versé en espèces, soit 20 000 $ (par différence) qui sera présenté à l'état des flux de trésorerie.

E : *Rachat d'obligations*

Amortissement escompte pour l'exercice 19X5 : 4 000 $/8 ans = 500 $
Escompte non amorti se rapportant aux obligations rachetées :
(4 000 $ – 500 $) = 3 500 $ × 25 % = 875 $

Perte sur rachat d'obligations :

Prix rachat : (1,01 × 250 obligations × 1 000 $)	252 500 $
– Valeur comptable : (250 000$ – 875 $)	(249 125)
Perte sur rachat d'obligations	3 375 $

Intérêts versés au rachat :

(1 000 000 $ – 995 000 $) × 25 %	1 250 $

Rachat d'obligations – activités de financement :

Prix de rachat – intérêts versés au rachat = 252 500 $ – 1 250 $ =	251 250 $

F : *Impôts sur les bénéfices payés*

Charge à l'état des résultats	118 000 $
– Recouvrement d'impôts sur perte extraordinaire (50 % × 24 000 $)	(12 000)
+ Diminution des impôts futurs à payer	2 000
+ Diminution des impôts sur les bénéfices à payer	20 000
Impôts payés	128 000 $

G : *Intérêts payés*

Charge à l'état des résultats	86 500 $
– Amortissement de l'escompte à l'émission d'obligations	(500)
+ Intérêts versés au rachat des obligations	1 250
Intérêts payés	87 250 $

10 PROBLÈME

Voici les renseignements relatifs à la société ABC ltée :

ABC ltée

BILAN
au 31 décembre 19X5

	19X5	19X4
Actif		
Actif à court terme		
Encaisse et placements à court terme	23 500 $	4 000 $
Comptes et effets à recevoir (nets)	68 000	46 000
Stocks	102 000	98 000
Assurances payées d'avance	17 870	9 100
Total de l'actif à court terme	211 370	157 100
Actif à long terme		
Biens-fonds et installations	431 000	393 100
Amortissement cumulé	(176 000)	(140 000)
Placement en obligations	9 500	9 400
Placements en actions – XYZ ltée		
(5 % en 19X5, 6 % en 19X4)	7 000	8 000
Écart d'acquisition	14 500	15 000
Escompte à l'émission d'obligations	1 330	—
Frais de développement reportés	20 000	—
Total de l'actif à long terme	307 330	285 500
Total de l'actif	518 700 $	442 600 $
Passif à court terme		
Emprunts bancaires	3 000 $	900 $
Comptes fournisseurs	60 000	70 000
Frais courus à payer	26 000	20 000
Impôts sur les bénéfices à payer	5 000	7 000
Taxe de vente à payer	2 000	19 000
Total du passif à court terme	96 000	116 900

Passif à long terme

Obligations à payer (10 %)	70 000	—
Impôts futurs à payer	54 000	51 000
Total du passif à long terme	124 000	51 000

Avoir des actionnaires

Capital-actions :		
Actions privilégiées	21 700	31 700
Actions ordinaires	101 000	78 000
BNR	176 000	165 000
Total de l'avoir des actionnaires	298 700	224 700
Total du passif et de l'avoir des actionnaires	518 700 $	442 600 $

ABC ltée

ÉTAT DES RÉSULTATS
pour l'exercice terminé le 31 décembre 19X5

Chiffre d'affaires	741 520 $	
Taxe de vente	(127 300)	614 220 $
Coût des marchandises vendues		(304 000)
Marge bénéficiaire brute		310 220
Autres charges :		
Commercialisation et distribution	217 000	
Frais d'administration et frais divers	39 600	
Intérêts débiteurs sur obligations	3 570	
Autres intérêts débiteurs	200	
Frais de recherche et développement	30 000	(290 370)
Produits financiers		6 150
Bénéfice avant impôts		26 000
Charges d'impôts - impôts de l'exercice	10 000	
- impôts futurs	3 000	(13 000)
Bénéfice net		13 000 $

RENSEIGNEMENTS SUPPLÉMENTAIRES

1. L'encaisse s'élevait à 3 000 $ au début de l'exercice et les placements à court terme
    étaient de 1 000 $. À la fin de l'exercice, l'encaisse était de 3 500 $. Autant au
    début qu'à la fin de l'exercice, les placements à court terme ne comprenaient que
    des titres du marché monétaire dont l'échéance était de 3 mois ou moins.

2. Le poste Produits financiers comprend les éléments suivants :

Perte sur vente d'actions de XYZ ltée	(150)	$
Dividendes de XYZ ltée	800	
Gain sur vente d'équipement	1 500	
Gain sur vente d'un terrain	2 900	
Intérêts créditeurs	1 100	
Total – produits financiers	6 150	$

3. Au cours de l'exercice, AVC ltée a acquis un nouveau bâtiment à un coût de
    50 000 $.

    Elle a aussi capitalisé le coût de réparations majeures effectuées au cours de l'exer-
    cice afin d'augmenter sa capacité de fonctionnement.

    De l'équipement, dont la valeur comptable nette était de 4 000 $, a été vendu.

4. ABC ltée a vendu un de ses terrains pour une somme de 12 000 $.

5. Le 30 juin 19X5, ABC ltée a émis à escompte des obligations échéant le 30 juin
    19Y5. Les intérêts sont payables annuellement le 30 juin. Les intérêts courus à
    payer sur les obligations sont inclus dans les frais courus à payer au bilan. Ce sont
    les seuls intérêts courus à la fin de l'exercice.

6. Au cours de l'exercice, la société a distribué des dividendes aux actionnaires ordi-
    naires et privilégiés.

7. Plusieurs transactions relatives au capital-actions ont été effectuées au cours de
    l'année :

    En février 19X5, la société ABC ltée a procédé à un fractionnement de ses actions
    à raison de 3 pour 1.

    En avril 19X5, certains détenteurs d'actions privilégiées ont converti leurs actions
    en actions ordinaires. Le nombre d'actions ordinaires émis fut de 250, à un
    moment où la valeur au marché des actions était de 50 $.

    Afin de répondre à ses besoins en liquidités, la société a procédé, en novembre, à
    une émission d'actions ordinaires.

8. L'amortissement des immobilisations est de 50 000 $. L'amortissement de l'écart
    d'acquisition est de 500 $.

SOLUTION

Présentation des flux de trésorerie liés aux activités d'exploitation selon la méthode indirecte

ABC ltée

État des flux de trésorerie
pour l'exercice terminé le 31 décembre 19X5

Activités d'exploitation

Bénéfice net		13 000 $
Ajustements pour:		
Charge d'impôts futurs	3 000 $	
Amortissement – écart d'acquisition	500	
Amortissement – immobilisations	50 000	
Amortissement – escompte sur obligations à payer	70	
Perte sur vente d'actions XYZ ltée	150	
Gain sur vente d'équipement	(1 500)	
Gain sur vente d'un terrain	(2 900)	
Amortissement – escompte sur placement en obligations	(100)	49 220
Variation des éléments hors caisse du fonds de roulement:		
Augmentation des frais courus	6 000	
Diminution des impôts à payer	(2 000)	
Diminution de la taxe de vente à payer	(17 000)	
Diminution des comptes fournisseurs	(10 000)	
Augmentation des comptes clients	(22 000)	
Augmentation des stocks	(4 000)	
Augmentation des assurances payées d'avance	(8 770)	(57 770)
Flux de trésorerie liés aux activités d'exploitation		4 450

Activités d'investissement

Réparations majeures capitalisées	(15 000)	
Produit de la vente d'actions de XYZ ltée	850	
Acquisition d'un bâtiment	(50 000)	
Frais de développement capitalisés	(20 000)	
Produit de la vente d'un terrain	12 000	
Produit de la vente d'équipement	5 500	
Flux de trésorerie liés aux activités d'investissement		(66 650)

Activités de financement

Augmentation nette des emprunts bancaires	2 100
Produit de l'émission d'actions ordinaires	13 000
Produit de l'émission d'obligations	68 600
Dividendes versés	(2 000)

Flux de trésorerie liés aux activités de financement	81 700
Augmentation nette des espèces et quasi-espèces	19 500
Espèces et quasi-espèces à l'ouverture de l'exercice (note 1)	4 000
Espèces et quasi-espèces à la clôture de l'exercice (note 1)	23 500 $

NOTES AFFÉRENTES À L'ÉTAT DES FLUX DE TRÉSORERIE

1. Les espèces et quasi-espèces se composent des fonds en caisse, des soldes bancaires et des titres du marché monétaire. Elles comprennent les montants suivants comptabilisés dans le bilan :

	19X5	19X4
Encaisse et soldes bancaires	3 500 $	3 000 $
Placements à court terme	20 000	1 000
	23 500 $	4 000 $

2. Intérêts et impôts sur les bénéfices payés

Intérêts payés	200 $
Impôts sur les bénéfices payés	12 000

NOTES EXPLICATIVES

A : *Amortissement de l'escompte sur obligations à payer*

Intérêts courus à payer = 70 000 $ × 10 % × $\frac{1}{2}$ = 3 500 $
Amortissement de l'escompte = 3 570 $ – 3 500 $ = 70 $

B : *Amortissement de l'escompte sur placement en obligations*

(9 500 $ – 9 400 $) = 100 $

C : *Réparations majeures*

Amortissement cumulé de l'équipement vendu :

Amortissement cumulé au début	140 000 $
+ Charge d'amortissement	50 000
– Amortissement cumulé de l'équipement vendu	(X)
Amortissement cumulé à la fin	176 000 $

$$X = 14\ 000\ \$$$

Coût de l'équipement vendu :

Valeur comptable nette	4 000 $
+ Amortissement cumulé	14 000
Coût	18 000 $

Coût du terrain vendu:

Prix de vente	12 000 $
– Gain	(2 900)
Coût	9 100 $

Coût des réparations:

Biens-fonds et installations au début	393 100 $
+ Coût du bâtiment acquis	50 000
– Coût de l'équipement vendu	(18 000)
– Coût du terrain vendu	(9 100)
+ Coût des réparations	X
Biens-fonds et installations à la fin	431 000 $

$$X = 15\ 000\ \$$$

D: Vente d'équipement

Valeur comptable nette	4 000 $
+ Gain	1 500
Prix de vente	5 500 $

E: Émission d'obligations

Escompte: 1 330 $ + 70 $ = 1 400 $
Prix à l'émission: 70 000 $ – 1 400 $ = 68 600 $

F: Dividendes versés

BNR – Début	160 000 $
+ Bénéfice net	13 000
– Dividendes	(X)
BNR – Fin	171 000 $

$$X = 2\ 000\ \$$$

G: Intérêts payés

Les intérêts sur les obligations n'ont pas été payés à la fin de l'exercice: ils ne le seront qu'au 30 juin 19X6. Puisqu'il n'y a pas d'autres intérêts courus au début ou à la fin de l'exercice, les intérêts payés correspondent aux autres intérêts débiteurs comptabilisés dans l'état des résultats, soit 200 $.

H: Impôts sur les bénéfices payés

Impôts à payer au début	7 000 $
+ Charge d'impôts de l'exercice	10 000
– Impôts à payer à la fin	(5 000)
Impôts payés	12 000 $

PROBLÈME

Voici le bilan et l'état des résultats de Domtex pour l'exercice terminé le 31 décembre 19X9 :

Domtex ltée

BILAN
au 31 décembre 19X9
(en milliers de dollars)

	19X9	19X8
Actif		
Actif à court terme		
Encaisse	42 $	38 $
Placements temporaires	95	50
Comptes clients (nets)	250	232
Stocks	240	205
Impôts sur les bénéfices à recevoir	—	2
Frais payés d'avance	9	6
Total de l'actif à court terme	636	533
Actif à long terme		
Participation dans la société XYZ ltée	40	24
Équipements et bâtiments (nets)	1 450	1 300
Terrains	60	60
Écart d'acquisition (net)	5	9
Brevet (net)	2	—
Total de l'actif	2 193 $	1 926 $
Passif		
Comptes fournisseurs	218 $	192 $
Dette à long terme	614	480
Impôts futurs à payer	212	196
Avoir des actionnaires		
Actions ordinaires	470	400
Actions privilégiées	75	30
BNR	604	628
Total du passif et de l'avoir des actionnaires	2 193 $	1 926 $

Domtex ltée

ÉTAT DES RÉSULTATS

pour l'exercice terminé le 31 décembre 19X9

(en milliers de dollars)

Ventes		2 000 $
Coût des marchandises vendues		(1 600)
Marge bénéficiaire brute		400
Frais de vente et d'administration	80 $	
Amortissement – équipement et bâtiments	90	
Amortissement – écart d'acquisition	4	
Intérêts débiteurs	56	(230)
Produit provenant de la participation comptabilisée à la valeur d'acquisition	16	
Gain sur cession d'équipement	4	20
Bénéfice avant impôts		190
Impôts futurs et impôts exigibles		(85)
Bénéfice net		105 $

RENSEIGNEMENTS SUPPLÉMENTAIRES

1. Les placements temporaires n'incluent pas de titres de quasi-espèces. Il n'y a pas eu de vente de titres durant l'exercice.

2. La participation dans la société XYZ ltée est comptabilisée à la valeur de consolidation. Aucun dividende n'a été déclaré par la société satellite.

3. Domtex ltée a déclaré et versé des dividendes en espèces en une seule occasion au cours de l'exercice.

4. Domtex ltée a mis au rebut un actif complètement amorti au coût d'origine de 20 000 $.

5. Il y a eu vente d'équipement à profit pour un prix de 64 000 $. Un nouvel équipement a été acquis à un coût de 300 000 $.

SOLUTION

Présentation des flux de trésorerie liés aux activités d'exploitation selon la méthode indirecte

Domtex ltée

État des flux de trésorerie
pour l'exercice terminé le 31 décembre 19X9
(en milliers de dollars)

Activités d'exploitation

Rentrées de fonds – clients	1 982 $	
Sorties de fonds – fournisseurs et membres du personnel	(1 692)	
Impôts payés	(67)	
Intérêts versés	(56)	
Flux de trésorerie liés aux activités d'exploitation		167 $

Activités d'investissement

Achat de placements temporaires	(45)	
Achat d'équipement	(300)	
Achat de brevet	(2)	
Produit de la vente d'équipement	64	
Flux de trésorerie liés aux activités d'investissement		(283)

Activités de financement

Produit de l'émission d'actions ordinaires	70	
Produit de l'émission d'actions privilégiées	45	
Produit de l'émission de la dette à long terme	134	
Dividendes versés	(129)	
Flux de trésorerie liés aux activités de financement		120
Augmentation nette des espèces et quasi-espèces		4
Espèces et quasi-espèces à l'ouverture de l'exercice (note 1)		38
Espèces et quasi-espèces à la clôture de l'exercice (note 1)		42 $

NOTES AFFÉRENTES À L'ÉTAT DES FLUX DE TRÉSORERIE

1. Les espèces et quasi-espèces se composent des fonds en caisse et des soldes bancaires. Elles comprennent les montants suivants comptabilisés dans le bilan :

	19X9	19X8
Encaisse	42 $	38 $

NOTES EXPLICATIVES

A : *Rentrées de fonds – clients*

Comptes clients au début	232 $
Ventes	2 000
	2 232
Comptes clients à la fin	(250)
Rentrées de fonds – clients	1 982 $

B : *Sorties de fonds – fournisseurs et membres du personnel*

Coût des marchandises vendues + frais de vente et d'administration (1 600 $ + 80 $)	1 680 $
Augmentation des stocks (240 $ – 205 $)	35
Augmentation des comptes fournisseurs (218 $ – 192 $)	(26)
Augmentation des frais payés d'avance (9 $ – 6 $)	3
Sorties de fonds – fournisseurs et membres du personnel	1 692 $

C : *Impôts payés*

Impôts futurs à payer au début	196 $
Impôts futurs et impôts exigibles à l'état des résultats de 19X9	85
Impôts futurs à payer à la fin	(212)
	69
Encaissement des impôts à recevoir au début de l'exercice	(2)
Impôts payés	67 $

D : *Dividendes versés*

Bénéfices non répartis au début	628 $
Bénéfice net	105
Dividendes versés (par différence)	(129)
Bénéfices non répartis à la fin	604 $

E : *Équipements et bâtiments*

Solde du début	1 300 $
Achat d'équipement	300
Amortissement	(90)
Solde à la fin	(1 450)
	60 $

L'écart de 60 000 $ représente la valeur comptable nette de l'équipement vendu pour 64 000 $.

La mise au rebut d'un actif complètement amorti n'a aucune incidence sur le bilan, ni sur l'état des flux de trésorerie.

F : *Produits financiers*

Les placements étant comptabilisés à la valeur de consolidation, les produits qui en résultent, soit la quote-part des bénéfices de la société satellite, n'ont aucune incidence sur les flux de trésorerie.

12 PROBLÈME

On vous présente les états financiers de Fora inc. au 31 octobre 19X2 :

Fora inc.

BILAN
au 31 octobre 19X2
(en milliers de dollars)

	19X2	19X1
Actif		
Actif à court terme		
Encaisse	8 400 $	14 000 $
Comptes clients (nets)	78 000	70 000
Stocks	30 000	24 000
Frais payés d'avance	15 000	10 000
Total de l'actif à court terme	131 400	118 000
Actif à long terme		
Placement dans X inc.	14 000	12 000
Placement dans Y inc.	17 000	20 000
Machinerie (nette)	80 000	70 000
Bâtiments (nets)	23 000	22 000
Terrains	5 000	4 500
Écart d'acquisition	80 000	85 000
Escompte à l'émission de débentures	2 000	3 000
Frais de développement reportés	5 000	5 000
Total de l'actif	357 400 $	339 500 $
Passif		
Passif à court terme		
Emprunt bancaire	10 000 $	30 000 $
Comptes fournisseurs	56 000	58 000
Impôts sur les bénéfices à payer	17 400	14 400
Total du passif à court terme	83 400	102 400
Obligations à payer	50 000	68 000
Débentures à payer	40 000	26 000

Avoir des actionnaires

Actions ordinaires	64 000	40 000
Actions privilégiées	16 900	12 000
BNR	103 100	91 100
Total du passif et de l'avoir des actionnaires	357 400 $	339 500 $

Fora ltée

ÉTAT DES RÉSULTATS
pour l'exercice 19X2
(en milliers de dollars)

Ventes	272 000 $
Produits - placements (pertes)	(1 400)
	270 600
Coût des marchandises vendues	(161 600)
Intérêts débiteurs	(10 000)
Frais de vente et d'administration	(17 000)
Amortissement - écart d'acquisition	(5 000)
Amortissement - machinerie	(8 000)
Amortissement - bâtiments	(3 000)
Bénéfice avant impôts et élément extraordinaire	66 000
Impôts sur les bénéfices	(30 000)
Bénéfice avant élément extraordinaire	36 000
Perte extraordinaire (nette d'impôt de 8 000 $)	(8 000)
Bénéfice net	28 000 $

Fora ltée

ÉTAT DES BÉNÉFICES NON RÉPARTIS
pour l'exercice 19X2
(en milliers de dollars)

Solde au début	91 100 $
Bénéfice net	28 000
	119 100
Dividendes en actions	(6 000)
Dividendes en espèces	(10 000)
Solde à la fin	103 100 $

RENSEIGNEMENTS SUPPLÉMENTAIRES

1. Le placement dans X inc. en est un de portefeuille.

2. Fora inc. détient 30 % des actions votantes de Y inc. (influence notable). Y inc. a subi une perte de 8 000 000 $ lors du dernier exercice ; elle a tout de même déclaré des dividendes de 2 000 000 $.

3. Il n'y a eu aucun remboursement des obligations à payer. Par contre, plusieurs détenteurs ont utilisé leurs droits de conversion en actions ordinaires.

4. Fora inc. a acquis dix nouvelles machines pour un prix total de 20 000 000 $. Elle a également disposé d'une machine sans gain ni perte.

5. Aucun bâtiment n'a été vendu au cours de l'exercice.

6. La perte extraordinaire a été occasionnée par le règlement à l'amiable de poursuites intentées par les employés pour obtenir des compensations de la société pour des blessures causées par l'effondrement d'une partie des installations minières de l'entreprise lors d'un tremblement de terre ayant eu lieu quelques années auparavant. Le versement des indemnités relatives aux poursuites a été effectué durant l'exercice.

SOLUTION

Présentation des flux de trésorerie liés aux activités d'exploitation selon la méthode indirecte

Fora ltée

État des flux de trésorerie
pour l'exercice terminé le 31 octobre 19X2
(en milliers de dollars)

Activités d'exploitation

Rentrées de fonds – clients	264 000 $	
Rentrées de fonds – placements	1 000	
Sorties de fonds – fournisseurs et membres du personnel	(191 600)	
Dividendes reçus de Y inc.	600	
Intérêts versés	(9 000)	
Impôts payés	(19 000)	
Sorties de fonds – règlement de poursuites (élément extraordinaire)	(16 000)	
Flux de trésorerie liés aux activités d'exploitation		30 000 $

Activités d'investissement

Achat de machinerie	(20 000)	
Achat de bâtiment	(4 000)	
Acquisition d'actions de X inc.	(2 000)	
Achat de terrain	(500)	
Produit de la disposition de machinerie	2 000	
Flux de trésorerie liés aux activités d'investissement		(24 500)

Activités de financement

Diminution nette de l'emprunt bancaire à court terme	(20 000)	
Produit de l'émission de débentures	14 000	
Produit de l'émission d'actions privilégiées	4 900	
Dividendes versés	(10 000)	
Flux de trésorerie liés aux activités de financement		(11 100)
Diminution nette des espèces et quasi-espèces		(5 600)
Espèces et quasi-espèces à l'ouverture de l'exercice (note 1)		14 000
Espèces et quasi-espèces à la clôture de l'exercice (note 1)		8 400 $

NOTES AFFÉRENTES À L'ÉTAT DES FLUX DE TRÉSORERIE

1. Espèces et quasi-espèces

Les espèces et quasi-espèces se composent des fonds en caisse et des soldes bancaires. Elles comprennent les montants suivants comptabilisés dans le bilan :

	19X2	19X1
Encaisse	8 400 $	14 000 $

NOTES EXPLICATIVES

A : *Rentrées de fonds – clients*

Comptes clients au début	70 000 $
Ventes	272 000
	342 000
Comptes clients à la fin	(78 000)
Rentrées de fonds – clients	264 000 $

B : *Produits – Placements*

Produits provenant de la participation dans Y :	
8 000 000 $ de perte à 30 %	(2 400) $
Autres produits provenant de placements	1 000
Montant à l'état des résultats	(1 400) $

C : *Sorties de fonds – fournisseurs et membres du personnel*

Coût des marchandises vendues + frais de vente et d'administration (161 600 $ + 17 000 $)	178 600 $
Augmentation des stocks (30 000 $ – 24 000 $)	6 000
Diminution des comptes fournisseurs (58 000 $ – 56 000 $)	2 000
Augmentation des frais payés d'avance (15 000 $ – 10 000 $)	5 000
Sorties de fonds – fournisseurs et membres du personnel	191 600 $

D : *Intérêts versés*

Intérêts débiteurs	10 000 $
Amortissement de l'escompte	(1 000)
Intérêts versés	9 000 $

E : *Impôts payés*

Impôts sur les bénéfices à payer au début	14 400 $
Impôts pour 19X2	30 000
Recouvrement d'impôts sur l'élément extraordinaire	(8 000)
	36 400
Impôts sur les bénéfices à payer à la fin	(17 400)
Impôts payés	19 000 $

F: *Machinerie*

Solde du début		70 000 $
Achat de machinerie		20 000
		90 000
Amortissement		(8 000)
Solde à la fin		(80 000)
		2 000 $

L'écart de 2 000 000 $ représente le produit de la disposition de machinerie sans gain ni perte (voir renseignement n° 4).

G: *Conversion des obligations*

Ni gain ni perte ne sont comptabilisés par suite de la conversion d'obligations et cela, peu importe le cours des actions au moment de la conversion. La valeur alors attribuée aux actions est égale à la valeur comptable des obligations converties.

Comme la conversion des obligations est une opération de financement qui n'entraîne pas de mouvements d'espèces, cette opération est exclue de l'état des flux de trésorerie.

H: *Bâtiments*

Solde du début		22 000 $
Amortissement		(3 000)
Solde à la fin		(23 000)
		(4 000) $

L'écart de 4 000 000 $ ne peut être attribuable qu'à l'acquisition de nouveaux bâtiments.

I: *Frais de développement*

Assez curieusement, le solde des frais de développement capitalisés n'a pas varié au cours de l'exercice. L'explication la plus plausible serait que la compagnie n'a pas encore commencé à commercialiser ou à utiliser le produit ou le procédé en question (voir *Manuel de l'ICCA*, paragr. 3450.28).

Bibliographie

FINANCIAL ACCOUNTING STANDARDS BOARD (FASB), *Statement of Cash Flows*, FAS95, Norwalk, Connecticut: FASB, 1987.

FINANCIAL ACCOUNTING STANDARDS BOARD (FASB), *Statement of Cash Flow – Exemption of Certain Enterprises and Classification of Cash Flows from Certain Securities Acquired for Resale*, FAS102, Norwalk, Connecticut: FASB, 1989.

FINANCIAL ACCOUNTING STANDARDS BOARD (FASB), *Statement of Cash Flow – Net Reporting of Certain Cash Receipts and Cash Payments and Classification of Cash Flows from Hedging Transactions*, FAS104, Norwalk, Connecticut: FASB, 1989.

INSTITUT CANADIEN DES COMPTABLES AGRÉÉS (ICCA), *Manuel de l'ICCA*, chapitre 1540, État des flux de trésorerie, Toronto: ICCA, 1998.

INTERNATIONAL ACCOUNTING STANDARDS COMMITTEE (IASC), *Cash Flow Statements*, IAS7, Londres: IASC, 1992.